Mental Health Promotion Among
Newcomer Female Youth:
Post-Migration Experiences and Self-Esteem

by

Nazilla Khanlou, Morton Beiser, Ester Cole,

Marlinda Freire, Ilene Hyman and Kenise Murphy Kilbride

The research ⸻ Status of Women Canada's
Policy Resea ⸻ s of the authors and does not
necess ⸻ Women Canada or the

Status of Women Canada is committed to ensuring that all research produced through the Policy Research Fund adheres to high methodological, ethical and professional standards. Specialists in the field anonymously review each paper and provide comments on:

- the accuracy, completeness and timeliness of the information presented;
- the extent to which the methodology used and the data collected support the analysis and recommendations; and
- the original contribution the report would make to existing work on this subject, and its usefulness to equality-seeking organizations, advocacy communities, government policy makers, researchers and other target audiences.

Status of Women Canada thanks those who contribute to this peer-review process.

National Library of Canada cataloguing in publication data

Main entry under title: Mental health promotion among newcomer female youth: post-migration experiences and self-esteem

Text in English and French on inverted pages.
Title on added t.p.: Promotion de la santé mentale des jeunes immigrantes.
Includes bibliographical references.
Issued also on the Internet.

ISBN 0-662-66537-6
Cat. No. SW21-93/2002

1. Women immigrants — Mental health — Canada.
2. Young women — Mental health — Canada.
3. Mental health promotion — Canada.
4. Women immigrants, Services for — Canada.
I. Khanlou, Nazilla, 1965- .
II. Canada. Status of Women Canada.
III. Title: Promotion de la santé mentale des jeunes immigrantes.

HQ1453.M46 2002   305.235'08691   C2002-980122-2E

Project Manager: Julie Cool, Status of Women Canada
Publishing Co-ordinator: Cathy Hallessey, Status of Women Canada
Editing and Layout: PMF Editorial Services Inc. / PMF Services de rédaction inc.
Translation: Lexi-tech
Translation Co-ordinator: Jo Anne de Lepper, Status of Women Canada

For more information contact:
Research Directorate
Status of Women Canada
123 Slater Street, 10th Floor
Ottawa, Ontario K1P 1H9
Telephone: (613) 995-7835
Facsimile: (613) 957-3359
TDD: (613) 996-1322
E-mail: research@swc-cfc.gc.ca

ABSTRACT

This report describes the findings of a study that examined mental health promotion issues of newcomer female youth attending secondary school. Particular attention was paid to influences promoting or challenging the youths' self-esteem. The study was conducted in Toronto, Ontario and was influenced by a participatory action research framework. Data were gathered through focus groups with female youth and with school educators, and in interviews with parents, and school and community health centre workers. The emerging picture of the youth participants was of a dynamic self which drew from a rich source of experiences, knowledge and sensitivity to context. The youth identified multiple sources of influence on how they felt about themselves. Relationships with parents and friends played an important supportive role. One major concern of the youth was their belief that they were not proficient in English. Systems issues, which created settlement barriers for youth and their parents in Canadian society, were identified. The youth evaluated their involvement in the study as a positive experience. The report concludes with policy implications and recommendations for various systems. As part of this process, it is suggested that the explication of values underlying policies and initiatives be a necessary component of mental health promotion strategies directed at newcomer female youth.

TABLE OF CONTENTS

ii

LIST OF TABLES

ACRONYMS AND ABBREVIATIONS

ACPH	Federal–Provincial–Territorial Advisory Committee on Population Health
CAMH	Centre for Addiction and Mental Health
CCSD	Canadian Council on Social Development
CCHS	Culture, Community and Health Studies
CERIS	Centre of Excellence for Research on Immigration and Settlement
CIC	Citizenship and Immigration Canada
CSE	Current self-esteem scale
ESL	English as a second language
FG	Focus group
IMSS	Immigrant and Multicultural Services Society
PAR	Participatory action research
SEPT	Settlement Education Partnerships in Toronto
TDSB	Toronto District School Board
YAC	Youth Advisory Council

PREFACE

Good public policy depends on good policy research. In recognition of this, Status of Women Canada instituted the Policy Research Fund in 1996. It supports independent policy research on issues linked to the public policy agenda and in need of gender-based analysis. Our objective is to enhance public debate on gender-equality issues in order to enable individuals, organizations, policy makers and policy analysts to participate more effectively in the development of policy.

The focus of the research may be on long-term, emerging policy issues or short-term, urgent policy issues that require an analysis of their gender implications. Funding is awarded through an open, competitive call for proposals. A non-governmental, external committee plays a key role in identifying policy research priorities, selecting research proposals for funding and evaluating the final reports.

This policy research paper was proposed and developed under a call for proposals in September 1999, on *Young Women at Risk*. In spite of the progress made in recent decades, young women still represent a social group much at risk, especially with respect to their physical and mental health, their professional future and their socio-economic situation. They face a variety of problems that are often interrelated. Researchers were asked: "How can government policies create better conditions for the growth and development of these young women *at risk*, from childhood through the transition years to adulthood?"

Two research projects were funded by Status of Women Canada on this theme. This report, *Mental Health Promotion Among Newcomer Female Youth: Post-Migration Experiences and Self-Esteem,* provides a new examination of mental health promotion strategies for immigrant and refugee female adolescents. The other report under this call for proposals, *On Her Own: Young Women and Homelessness in Canada*, fills a critical gap in Canadian research on homelessness.

We thank all the researchers for their contribution to the public policy debate.

EXECUTIVE SUMMARY

The recommendations emerging from this study address various decision-making levels. As no policy is value free or derived solely from empirical findings, we suggest that the values underlying policies and the principles guiding such initiatives become a necessary part of mental health promotion directed at newcomer female youth. While the following three principles and their underlying values can guide policy initiatives and mental health promotion strategies directed at newcomer female youth, they are not all-inclusive. Rather, policy makers, health promoters, educators and other individuals, groups or organizations working with newcomer female youth can add their own principles. In each case, value clarification becomes a necessary step in the process from research to policy implementation.

Principle 1: Newcomer female youth should be involved in all phases of mental health promotion initiatives directed at them. This includes involvement in research projects and voicing their opinions on the relevance of suggested initiatives. Flexibility in approach will facilitate youth participation. (*Underlying value*: Youth participation in mental health promotion initiatives is necessary, valuable and attainable.)

Principle 2: Mental health promotion policies and strategies for newcomer female youth must be context specific. In addition to youths' developmental stage, the intersection between their gender, migrant and visible minority status, and social resources necessitates non-universal approaches to mental health promotion in Canada's multicultural settings. (*Underlying value*: The universality of knowledge derived from studying mainstream youth and the relevance of resultant strategies to newcomer female youth cannot be assumed. Caution must be exercised to avoid stereotyping that can arise from applying mainstream North American cultural values and embedded assumptions of normal adolescent development to youth of diverse backgrounds.)

Principle 3: Mental health promotion strategies for newcomer female youth must be comprehensive and intersectoral across systems. (*Underlying value*: The development of newcomer female youth is affected by multiple influences; therefore, isolated and non-sustainable approaches are not effective on a long-term basis.)

Recommendations

The recommendations for mental health promotion policies and strategies for newcomer female youth are grouped under those applying to the education system, health and social services systems, and resettlement services and those that apply across systems.

Education System
Recommendation 1: Support and improve English as a second language (ESL) programs throughout the education system. Expand ESL programs in schools that have a high proportion of newcomer youth.

Recommendation 2: Encourage schools to foster multilingual and multicultural environments.

Recommendation 3: Promote inclusive educational curricula encompassing multicultural, anti-sexist and anti-racist values.

Recommendation 4: Increase the presence of teachers, principals and vice-principals from diverse ethnocultural and ethnoracial backgrounds in multicultural schools.

Recommendation 5: Support extra-curricular activities and school-based student groups in secondary schools.

Recommendation 6: Actively seek the participation of immigrant families in the workings of their daughters' school system.

Health and Social Services Systems
Recommendation 7: Educate health and social services professionals working with newcomer female youth in cultural sensitivity.

Recommendation 8: Across the health system, provide appropriate mental health promotion initiatives for newcomer female youth.

Recommendation 9: Focus on the strengths of newcomer female youth as well as their challenges. Foster youth participation in decision-making fora related to health and social services planning.

Resettlement Services
Recommendation 10: Provide comprehensive resettlement services to the entire family unit of newcomer female youth.

Recommendation 11: Provide specialized resettlement programs to newcomer female youth.

Recommendation 12: Provide sustained funding from all levels of government for resettlement services directed at newcomer female youth and their families.

Recommendation 13: Develop and support school-based settlement programs for newcomer female youth.

Across Systems
Recommendation 14: Develop and co-ordinate partnerships (including health, education, social and resettlement services) across systems.

Recommendation 15: Adopt culturally sensitive, anti-discriminatory policies and strategies in institutions that work with newcomer female youth and their families.

The following concluding points are highlighted.

- *Newcomer female youth are a diverse group with similarities in their adjustment issues to life in Canada as well as differences in such areas as interests, resources, circumstances and self-perceptions.* It cannot be assumed that the same policies and strategies would be relevant to all newcomer youth groups across Canada.

- *Caution must be exercised in interpreting the suggested recommendations as an indication that all newcomer female youth to Canada have mental health vulnerabilities and are in need of many services.* Despite the systemic barriers faced by newcomer female youth and their families, they have a strong determination to succeed and achieve education and career goals in their new country of residence.

- *The proposed principles and recommendations can contribute to mental health promotion among all youth attending school in Canada's multicultural cities and communities.* For example, anti-racist and anti-sexist initiatives promote a society that is more just — one in which all youth, whether Canadian born or immigrant, female or male, develop and learn to embrace differences.

1. INTRODUCTION

This report presents the finding of a research project examining mental health promotion issues among newcomer female youth. The report's goals are:

- Contribute to the mental health promotion policies and strategies directed at newcomer female youth attending secondary school in Canada's multicultural cities, which recognize the unique opportunities and challenges experienced by these youth as a function of their gender, migrant and visible minority status, and developmental stage.

- Promote multidisciplinary and intersectoral initiatives (including those within the education system, health and social services systems, resettlement services and by community-based groups) which advance the equality of newcomer female youth in Canadian society while recognizing the diversity in their lives.

The study was conducted in Toronto, Ontario, in 2000 and 2001. The research team consisted of a multidisciplinary group of researchers and practitioners brought together by their mutual interests and experience in mental health promotion among youth. The project's principal investigator was Nazilla Khanlou. The co-investigators were Morton Beiser, Ester Cole, Marlinda Freire, Ilene Hyman and Kenise Murphy Kilbride. The principal research assistant was Daniela Giordano and the research assistant was Alison Low. Appendix A presents brief biographical information on members of the research team. The study was administered at the Centre for Addiction and Mental Health, Clarke Division, in Toronto.

Context

Over a decade ago, the Canadian Task Force on Mental Health Issues Affecting Immigrants and Refugees identified youth and women as groups with special needs. Recognizing the erosion of youth self-esteem in the presence of racism, the Task Force (Beiser 1988: 68) reported that "policies have not yet addressed the needs of migrant children as comprehensively as necessary." Recognizing the additional risk factors experienced by immigrant women compared to their male counterparts, the report (Beiser 1988: 76) observed: "Since the factors which create stress for migrants apply particularly strongly to women, policies and programs which address these factors are of even greater importance for women than for men."

To inform mental health promotion policies and program initiatives directed at newcomer female youth, research is required that addresses the unique influences on the mental health of this group of youth and identifies context-specific actions. It is acknowledged at the outset that throughout this report a mental health promotion viewpoint, rather than a disease prevention emphasis, is taken. This view is in concordance with Joubert and Raeburn's (1998: 15) "positive view of mental health promotion" as being distinct "from disease prevention or any pathologizing enterprise." Joubert and Raeburn built on the definition of mental health promotion emerging from an international workshop held in Toronto in 1996 which resulted in the following conception.

Mental health promotion is the process of enhancing the capacity of individuals and communities to take control over their lives and improve their mental health. Mental health promotion uses strategies that foster supportive environments and individual resilience, while showing respect for equity, social justice, interconnections and personal dignity (Centre for Health Promotion 1997).

While the challenges facing the participating youth in the study are identified in this report, so are the strengths and capabilities of youth. Particular attention is also paid to the role of systems during the post-migration settlement phase. This viewpoint recognizes the paramount role of supportive environments in youth growth and development.

According to Joubert and Raeburn (1998: 16) mental health promotion practice entails "the fostering of resilience through the provision of both personal and environmental resources." As one aspect of resilience, this report especially considers self-esteem and the individual and environmental influences on the self-esteem of the participating youth. Self-esteem's association with other mental health outcomes and its potential to influence the health behaviour patterns of youth make it an important mental health construct (discussed in Chapter 3).

A mental health promotion focus on newcomer female youth will contribute to a positive image of youth in Canadian society and to supportive environments for their ongoing development. It is hoped the findings presented in this report will contribute to informing such initiatives.

The Report and Its Concepts

The report consists of seven chapters. Chapter 2 provides statistical information on Canada's immigrant population in general, followed by more specific statistics on Toronto's immigrant population and on immigrant youth in Canada. Chapter 3 presents a synthesis of the literature on mental health and youth, with a focus on self-esteem. Chapter 4 describes the research methods used in the project. As the project was influenced by a participatory action research (PAR) framework, a brief overview of PAR is also provided. The findings from the various sources of data are presented in Chapter 5. Chapter 6 describes the mental health promotion recommendations for policies and strategies arising from the project. This is followed by a concluding chapter, appendixes and the references cited in the report.

In this report, the term "youth" is used interchangeably with the term "adolescent" and relates to middle adolescence (grades 9 and 10 of secondary school) and late adolescence (grades 11 and 12). The secondary school period, instead of chronological age, is suggested to capture the psychosocial developmental tasks associated with this stage of development.

The term "newcomer" includes immigrant and refugee youth. However, given the distinct pre-migration experiences of the two groups, their mental health promotion issues during the resettlement phase in Canada can vary. In a review of the literature for Health Canada, Hyman (2001) observed that while immigrant children did not have worse mental health outcomes than non-immigrant children, the reviewed studies suggested that certain sub-groups, such as refugee children, were at a higher risk. The literature review in this report addresses Canadian-born, immigrant and refugee youth in three different sub-sections. However, the findings do not have a similar separation as no youth participating in this report identified themselves as refugees. Future research on newcomer youth needs to address the issue of collecting data sensitively on migration status in group participation settings. Due to the negative stigma of the term "refugee," youth may feel vulnerable in identifying themselves as such in the presence of others. This includes in the presence of researchers and peers. As well, many of the post-migration challenges found in this study, such as language barriers, the lack of friendships with Canadian-born youth, and a sense of being different and not belonging to Canadian culture have relevance to both newcomer immigrant and newcomer refugee female youth.

"Self-esteem" is a general attitude concerning the worth of oneself and consists of the evaluative component of the self. The notion of "value" is embedded in the various definitions of self-esteem. For example, Driever (1984: 395) defined self-esteem as the "pervasive aspect of the self-concept which relates to the worth or value the person holds of the self." Branden (1994: 27, italics in original) defined self-esteem as *the disposition to experience oneself as competent to cope with the basic challenges of life and as worthy of happiness.*" The first part of this definition addresses self-efficacy, confidence in one's ability to "think, understand, learn, choose, and make decisions," while the second part addresses self-respect, a value for one's "right to live and be happy" (Branden 1994: 26). Koenig's (1997) definition recognized the influence of the self and the influence of others on one's self-esteem. She defined self-esteem as "the sense of pride we experience when we evaluate ourselves positively. We might also experience this pride when we believe others view us the same way, and this too could be a part of self-esteem" (Koenig 1997: 65).

While much of the empirical work conceptualized self-esteem as a stable trait, there is growing recognition of the influence of context on one's sense of self-worth. Under the latter perspective, self-esteem is a dynamic, context-bound experience. Among newcomer youth, post-migration experiences such as prevailing societal attitudes toward one's gender, migration status, ethnocultural group and racialized status, can affect their evaluation of self-worth. As well, individual strengths, support from family and from the youth's ethnic community can influence their sense of self-worth. Previous research supports this argument indicating that although self-esteem promotion can benefit from lifestyle-oriented activities, its growth takes place in the larger context of adolescent relationships, school-related experiences, attitudes toward self and achievements (Khanlou 1999). The interplay between newcomer female youth self-esteem and context signals that mental health promotion policies and strategies are not bound to one system; instead they span systems. (See Chapter 6.)

2. IMMIGRATION AND CANADA

Immigration to Canada

According to Citizenship and Immigration Canada (2000b), 189,816 immigrants were admitted to Canada in 1999, the majority of whom were between the ages of 25 and 44 (49.5% female and 51.8%[1] male). During 1999, the top three immigrant source countries were the People's Republic of China, India and Pakistan. Fifty-six percent of immigrants were admitted under the economic class, followed by 29% under the family class and 13% as refugees. The statistics indicate that immigrants arriving in Canada are, in general, educated and skillful. For example, in 1999, 29.8% of immigrants held a bachelor's degree and 68.2% intended to work. Forty-two percent of immigrants spoke neither English nor French on arrival but of the 43.9% who were able to speak English, 63.8% intended to work. The top three provinces of destination for immigrants arriving in Canada were Ontario (54.8%), British Columbia (19%), and Quebec (15.4%). Of the immigrants in these provinces, 43.9% resided in Toronto, 14.6% in Vancouver and 12.4% in Montréal.

Thirteen percent of all immigrants admitted to Canada in 1999 were refugees. The majority of refugees were between the ages of 25 and 44 (43.3% female and 45.3% male). The top three source countries for refugees during 1999 were Bosnia-Hercegovina, Sri Lanka and Afghanistan. Close to 63% of refugees arriving in 1999 had completed non-university education (32.7% had 10 to 12 years of schooling, 10% had 13 or more years of schooling, 9.8% had a trade certificate, and 10.6% had a non-university diploma). About 10% of refugees had a bachelor's degree. Forty percent of these refugees were able to speak English while 46% spoke neither French nor English. Fifty-one percent of refugees who were able to speak English and 31.5% of refugees who spoke neither official language intended to work in Canada. Among the total population of refugees who arrived in Canada in 1999, 49% sought refugee status in Ontario, followed by 30.1% in Quebec and 7.8% in British Columbia. Of the refugees in these provinces, 32.9% resided in Toronto, 21.1% in Montréal, and 6.4% in Vancouver.

The Immigrant Population in Toronto
The following statistics concerning the immigrant population in Toronto were compiled from Citizenship and Immigration Canada (CIC 2000a,b) documents. "Recent immigrants" refers to those who arrived between 1981and 1996 and "very recent immigrants" refers to those who arrived between 1991 and 1996.

Based on the 1996 Census, there were 1,773,000 immigrants living in Toronto, accounting for 42% of the city's population. (This includes all immigrants from 1981 to 1996.) This meant Toronto was home to 36% of Canada's five million immigrants. In 1999, 60% of the 83,267 immigrants residing in Toronto were admitted under the economic class, 28% under the family class and 10% under the refugee class. The top three source countries for Toronto immigrants were the People's Republic of China, India and Pakistan.

According to 1996 Census data, most of Toronto's recent immigrants speak a language other than English in their homes. In 1999, on arrival in Toronto, 56.4% of immigrants spoke English while 41% spoke neither English nor French. In general, 67.3% of immigrants intended to work, with 74% of the immigrants who could speak English also intending to work.

The 1996 Census data indicate the education level of Toronto's recent immigrants is similar but somewhat lower than that of Toronto's Canadian-born population. As indicated in Table 1, the education level of both female and male immigrants who arrived in Canada between 1991 and 1996 is comparable to that of Canadian-born residents, with the greatest difference between these two groups being among those with less than a Grade 9 level of education.

Table 1: Highest Level of Education, Persons 15 Years and Over, Toronto Metropolitan Area, 1996

	Less than Grade 9 %	Some High School %	High School Diploma %	College or Trade Diploma %	University Degree %
Women					
Canadian born	4	24	27	25	20
Immigrated before 1981	23	18	20	25	13
Immigrated 1981-1990	15	21	24	25	16
Immigrated 1991-1996	14	22	25	22	17
Men					
Canadian born	4	25	25	24	22
Immigrated before 1981	19	17	16	30	18
Immigrated 1981-1990	10	22	23	25	20
Immigrated 1991-1996	9	24	24	21	22

Source: CIC 2000a: 20.

In the first few years after arriving in Canada, immigrants participate in the labour market at lower rates than Canadian-born residents. As indicated in Table 2, for both females and males across age groups, labour force participation rates of individuals who immigrated before 1981 (and thus have lived in Canada for a longer period) are close to those of Canadian-born individuals, suggesting it takes time for the rates among immigrants to become similar to those of Canadian-born residents. In general, immigrants with higher educational levels and those who speak English are more active in the labour market. Unfortunately, the education of recent immigrants is often not fully utilized. For example, Citizenship and Immigration Canada (2000a) reported that while two thirds of employed Canadian-born women with a university degree have a job requiring that skill level, only one third of employed immigrant women with a university degree (who immigrated to Canada in the 1990s) have a job requiring that skill level. As well, while approximately three quarters of Canadian-born men with a university degree have a job requiring a degree, less than half of the jobs of recent immigrant men with a university degree require that skill level. It is, therefore, not surprising that 40% of very recent immigrant women and 38% of very recent immigrant men live in a low-income situation.

Among recent immigrants reporting an income during 1995, Citizenship and Immigration Canada reported that the average income was lower than that of Canadian-born residents, with the wages and salaries earned by immigrants who worked mostly full time being well below the Toronto average. Immigrants who have been in Canada for less than 10 years were more likely than those living in Canada for 10 years or more to live in lower-income families. The 1996 National Population Health Survey (CCSD 2001) found that more than one third of immigrants living in Canada for less than 10 years report a household income below $20,000. In comparison, 16% of immigrants who have lived in Canada for more than 10 years and 17% of Canadian-born residents report an income of that amount.

Table 2: Labour Force Participation Rates of Persons 15 to 64 by Age and Gender, Toronto Metropolitan Area, 1996

	15-24 %	25-44 %	45-64 %
Women			
Canadian born	64	84	70
Immigrated before 1981	73	82	64
Immigrated 1981-1990	51	76	60
Immigrated 1991-1996	40	65	41
Men			
Canadian born	63	93	82
Immigrated before 1981	71	91	82
Immigrated 1981-1990	51	89	81
Immigrated 1991-1996	42	85	66

Source: CIC 2000a: 40.

According to Citizenship and Immigration Canada (2000a), slightly more than 10% of immigrants who landed in Toronto between 1981 and 1996 were refugees. There is insufficient specific information about refugees in Toronto (e.g., education, participation in the economy, etc.). The 1996 Census did not ask immigrants to specify the category under which they had been admitted into Canada. Thus, while Citizenship and Immigration Canada's (2000a) document provides extensive information about recent immigrants in Toronto, there is no specific information about sub-populations based on the categories of entry. Instead, refugees are included under the broad category of recent immigrants.

Immigrant Youth in Canada

A significant number of children and youth immigrate to Canada each year. According to Citizenship and Immigration Canada (2000b), in 1999, 16.5% of female and 13% of male immigrants were youth between the ages of 15 and 24. As well, 21.5% of female and 23.4% of male immigrants were children between the ages of 0 and 14. While many children and youth arrive as dependants accompanied by family, some also come on their own to pursue employment or education (CCSD 2000).

The Canadian Council on Social Development (CCSD) (2001) reported that between 1996 and 1998, about 230,000 immigrant children and youth arrived in Canada. Half came from Asia and the Pacific region and one fifth came from Africa and the Middle East. More than half the immigrant children and youth who arrived between 1996 and 1998 were unable to speak English or French. Those under the age of 15 were less likely to understand English or French than those between the ages of 15 and 24, with 71% speaking neither official language. The CCSD (2001) also reported that among all the immigrant children and youth who arrived in 1998, 5 in 10 live in Ontario, 2 in 10 live in British Columbia and about 1 in 10 lives in Quebec. It is not surprising that most young immigrants plan to reside in Toronto, Vancouver and Montréal, given that these culturally diverse urban cities provide social and economic support networks and opportunities for work.

According to Citizenship and Immigration Canada (2000b), in 1999, 18.7% of female and 19.8% of male refugees admitted to Canada were between the ages of 15 and 24. As well, 28.5% of female and 26.7% of male refugees were between the ages of 0 and 14. Among refugee children between the ages of 0 and 14, 26.3% spoke English on arrival in Canada while 62.9% spoke neither French nor English. As in the case of all immigrant youth, specific statistics on refugee youth in Canada are limited.

3. YOUTH IN CANADA:
AN OVERVIEW OF MENTAL HEALTH LITERATURE

The overall scope of the project's literature review was to examine influences on the mental health of Canadian-born and newcomer youth (including immigrant and refugee youth). Because the focus was on mental health promotion instead of mental illness, empirical literature that considered community-based instead of clinical-based samples of youth was selected. As the goal was to propose policy recommendations, in addition to locating literature through academic search engines, government publications were identified. As well, literature accumulated by the project investigators was considered, including their publications related to youth, mental health and immigration.

Government and policy-oriented literature was identified through a search of related Canadian publications and Web sites. This included the Canadian Council on Social Development, the Canadian Race Relations Foundation, Citizenship and Immigration Canada, Health Canada, the Joint Centre of Excellence for Research on Immigration and Settlement - Toronto, and the Toronto District School Board.

The electronic databases through which research articles were identified consisted of PsycINFO (1993-2000/06, 1984-2001/03), Sociological Abstracts (1986-2000/03, Cambridge Scientific Database, 2000-2001/03), Social Sciences Index (1983-2000/05), Cumulative Index of Nursing and Allied Health Literature (CINAHL), HealthSTAR (HSTR), Sociological Abstracts (Silver Platter Database), Medline (1993-1996, 1997-2001/06), PsycLIT (1998-2000/06) and PubMed (1996-2001/06). Initially, general terms, such as "adolescence," "adolescent," "teenager," "youth" and "gender," were entered. This was followed by more specific keywords, such as "female," "self-esteem," "mental health," "immigrant," "immigration," "refugee," "Canada" and "secondary school." The order of entry of keywords was for the most part the same in all databases, starting with general terms and then specific terms.

The search results from the various databases indicate a limited number of published articles related to female adolescent self-esteem development among migrant youth. For instance, using the Sociological Abstracts database (2000-2001/03), the pool of 503 records related to immigrant went down to zero records when combined with adolescen*/teenage*/female/ and self-esteem. Using the Medline database (1997-2001/06), the pool of 141,134 records related to adolescence went down to eight records when combined with self-concept/emigration and immigration or refugees. Using the PubMed database, the 2,096 records related to self-esteem went down to four records when combined with immigrants/adolescent and girls.

It is notable that, across the various databases, when Canada was combined, as one of the specific terms, with female youth, the number of retrieved articles declined dramatically. For example, in PsycINFO (1993-2000/06), the pool of 314 records related to refugee/ immigrants in Canada went down to five records when combined with female youth. Using the PubMed database, the 16,087 records related to Canada went down to two records when combined with refugee and youth and girl*. These search results indicate a lack of research focussing on mental health promotion among newcomer female youth in Canada.

Mental Health

Canadian-Born Youth
The healthy development of youth includes their physical and mental health. Most Canadian youth between the ages 11 and 15 were deemed well adjusted in terms of physical and mental health, relationships with parents, peers and school, and health behaviours according to King et al.'s (1999) report, *The Trends in the Health of Canadian Youth*, which is based on a World Health Organization collaborative cross-national study — Health Behaviour in School-aged Children. However, Gottlieb (2000) reported that Canada's 1.8 million youth between the ages of 15 and 19 face an increased risk of death and injury related to motor vehicle accidents, suicide, unwanted pregnancy and sexually transmitted disease. Stress, loneliness and depression were also cited as prevalent, especially among young females. In 1994, 25% of youth between the ages of 15 and 24 met the criteria for a mental health problem, and 22% of Canadian youth 12 years or older were either depressed, distressed or both (ACPH 2000). Such a view is further supported by a federal–provincial study, *Toward a Healthy Future*, which reported that Canada's youth suffer from stress, manifested in a number of unhealthy practices such as smoking, dropping out of school, depression and suicide (as cited in Anisef and Kilbride 2000).

Various systems, such as education, health and social services, and the home environment, influence the healthy development of adolescents. For example, King et al. (1999) and the Federal-Provincial-Territorial Advisory Committee on Population Health (ACPH 2000) cited the home and the peer group as having a significant influence on healthy adolescent development. Youth who lived in supportive families and who had positive relationships with their parents had better mental and physical health outcomes. The social integration of adolescents was also deemed a fundamental component of good health in adolescence. Adolescents with supportive and responsible friends were more likely to be confident, feel good about school and get along with their parents (ACPH 2000). Given that youth spend a large portion of their time in school, the Federal-Provincial-Territorial Advisory Committee on Population Health also recognized the education sector as playing a key role in the healthy development of adolescents.

More research on youth that addresses issues of gender and ethnocultural diversity, as well as qualitative and participatory research that allows for the voices of youth to be heard, is needed (ACPH 2000). King et al. (1999) suggested that collaborative efforts between the school, the family and peer groups are required to make decisions that allow for positive health outcomes among adolescents. Intersectoral collaboration emphasizing a link between the various sectors that influence adolescent development (education, health and social services) was also recommended by the Federal-Provincial-Territorial Advisory Committee on Population Health.

Self-esteem and gender
As an important mental health construct, self-esteem is associated with other mental health outcomes among youth. The Centre for Addiction and Mental Health (2001) reported that in Ontario, 10% of students have low self-esteem, with 5% at high risk for depression, 30% reporting an increased level of psychological distress and 13% visiting a health professional for mental health reasons during the last 12 months. Studies conducted outside Canada have considered the relationship between self-esteem and adolescent mental health or health behaviours (Bolognini et al. 1996; Kidder 1998; McGee and Williams 2000; Torres et al. 1995). Self-esteem is found to be associated with such mental health-compromising outcomes as depression and suicidal ideation. In their longitudinal study conducted in New Zealand, McGee and Williams (2000) examined the predictive association between global and academic self-esteem at ages 9 to 13 and health-compromising behaviours at age 15. Global self-esteem was found to be predictive of later health-compromising behaviours such as problem eating, suicidal ideation and multiple other unhealthy behaviours. Torres et al. (1995: 409) found that self-esteem was significantly correlated with mental health and safety aspects among older adolescents in Spain, which "confirms the findings of numerous previous studies that positive self-esteem has enormous influence on mental health, especially during the critical period of adolescence, when a whole series of physical and psychic changes generates doubts and insecurities which may have marked effects on the individual's self-concept."

Studies conducted in a Western context find the relationship between gender and self-esteem is in favour of male adolescents, with females having lower self-esteem levels (Block and Robins 1993; Chubb et al. 1997; Harper and Marshall 1991; Klein 1995; Rumbaut 1994). Two studies conducted in a non-Western context have not found gender differences in self-esteem (Mwamwenda 1991; Watkins and Yu 1993). Their findings are particularly interesting in light of the observation by the researchers that in South African culture (Mwamwenda 1991) and in Chinese society (Watkins and Yu 1993) there is a bias in favour of males. Both studies referred to the effect of the educational environment in explaining this finding. Referring to the influence of the classroom environment on gender-specific self-esteem, Watkins and Yu (1993: 348) observed that "in Chinese society there has traditionally been a distinct bias in favor of male children, but observers have reported no evidence in the Chinese classroom of the differential treatment favoring boys that is so often noted in American classrooms."

According to Gottlieb (2000), youth that demonstrate resilience and are able to overcome adversity have a cohesive and stable family, external support and protective personal resources. Personal resources of resilient children include personal characteristics, such as self-esteem, autonomy, intellectual skills and social skills. King et al.'s (1999) report indicated that students with a higher score on self-esteem were more likely to have a good relationship with their parents, to be well adjusted and successful at school and to feel happy and healthy. In turn, happy young people were said to have higher self-esteem. Overall, boys tended to be happier than girls and were less subject to other stressors. A relationship was reported between parents' socio-economic status and the extent of youth happiness where students, who perceived their parents as better off, were more likely to be happy.

In comparison to girls, the boys in King et al.'s (1999) report consistently scored higher on self-esteem, with little variation across the age groups (grades 6, 8 and 10). Youth confidence was related to the level of peer integration and feelings about appearance. For girls, feelings about appearance strongly determined their confidence, with boys tending to be more confident than girls. Girls were more likely to agree with the statements: "I wish I were someone else" and "I have trouble making decisions." Girls were also more likely to have felt depressed once a week or more during the last six months (especially among Grade 10 girls) and were far more likely than boys to feel lonely. Last, in regards to body image, girls were reported as struggling more than boys with the issue of body image; girls were far more likely to indicate there was something about their body they wanted to change.

Immigrant Youth

Much of the research concerning immigrant health considers adults and focusses either on the immigrant population as a whole or on the racial/regional origin of sub-populations (Health Canada 1999a). Longitudinal studies examining the mental health outcomes of immigrant youth have been scant (Hyman 2001). To fill the knowledge gap on the health outcomes over time of newcomer youth, the New Canadian Children and Youth Study is examining the health of immigrant and refugee youth in Canada through a longitudinal design.[2]

In their review of literature for their study on newcomer youth, Anisef and Kilbride (2000) reported that little attention is paid to the needs of newcomer youth between the ages of 16 and 20. As well, system services have not been identified. Based on their review, the authors found the major issues confronting immigrant youth were identity development, language issues, a lack of recognition of prior learning experiences (for older youth) and conflict in values (i.e., between the home and school, the home and peers, etc.). Differences between gender groups were also reported in the literature, where differences were said to be particular to some cultures and, thus, were not necessarily reported by all youth. In their own focus groups conducted with male and female immigrant youth, Anisef and Kilbride (2000) reported the following issues: success in the education system, racism, language difficulties and difficulties on arrival based on the family situation (e.g., whether youth immigrated as a family unit or whether parents arrived first). Gender differences in the experiences of youth immigrants were also addressed. For example, these researchers stated that, in general, males in their focus groups reported racism more so than females. As well, while females reported more difficulty within the home in dealing with conflicting home–society cultural values, males experienced more difficulty outside the home (e.g., school, employment). Overall, for the youth in these focus groups, school-related issues were primary.

Acknowledging Toronto as one of the most cosmopolitan cities in the world and, consequently, the need for service providers and policy makers to improve settlement practices for immigrants and refugees in general, and newcomer youth specifically, Kilbride et al.'s (2000: 5) report summarized the findings of six organizations involved in a collaborative project. The objective was to "identify the needs, experiences, and concerns of immigrant youth from different cultural and racial backgrounds and to ascertain the gaps between their perceived needs and existing services." Although the major issues confronting these youth were documented in the literature, in accordance with other researchers, extensive literature searches surrounding immigrant youth carried out by each of the six organizations revealed the paucity of research which systematically documents and identifies the needs of, and services for, this immigrant sub-group. A synthesis of all the findings revealed that language proficiency was one of the major struggles faced by newcomer youth attempting to adapt and integrate into Canadian society. Newcomer youth are confronted with various challenges as they struggle to fit in (e.g., personal factors, age, gender, family tensions); supportive friends, family and institutions facilitate successful integration into Canada, while cultural differences and discrimination are linked to isolation and alienation; and the already complex transitions of adolescents to new adult identities, especially as it relates to employment, can be hindered by the immigration experience.

In youth focus groups conducted by the Canadian Council on Social Development (2001), similar issues as those discussed by Anisef and Kilbride (2000) were addressed by immigrant youth. Main issues that emerged during the research included the challenge of learning a new language; a weak sense of belonging to Canada or feeling Canadian; difficulty for parents to integrate/difference in acculturation rates (i.e., receiving accreditation for their training/ degrees, finding employment); integration issues (i.e., support of friends and family); racism; and the role of school in the integration process (i.e., ESL classes).

Goodenow and Espin's (1993) study, conducted with five Latin American females, some of whom had been living in the United States for as long as 10 years, specifically addressed issues faced by adolescent immigrant females: balancing the old cultural expectations of parents with those of the new country and adapting to new sex roles in the new culture where Latin American females were said to embrace the personal freedom (i.e., career choices) but not the sexual freedom of new sex roles. These females also identified language learning (i.e., English) as a barrier in their adjustment to the new country. Overall, Goodenow and Espin suggested that adolescent youth could adjust to their new country if communities were welcoming, social services were available and schools had bilingual classes and counsellors.

New immigrants and refugees were recognized by Health Canada (1999b) as likely to experience acculturative stress from various sources, such as economic circumstances, negative attitudes and social and personal isolation that, consequently, could affect physical and mental health. For instance, Shek's (1998) longitudinal study considered the relationship between family functioning and the psychological well-being of adolescents in Hong Kong and found that more negative family functioning was predictive of poorer adolescent psychological well-being across time. Not only was family functioning associated with adolescent positive mental health, but adolescent psychological well-being also predicted family functioning, suggesting the relationship between family functioning and adolescent well-being is a bi-directional one. Although this study was not conducted in a North American context nor with immigrant youth, findings reinforce the notion of the importance of family support in the lives of adolescents.

Family systems do not exist in isolation from the larger social context. For example, Anisef and Kilbride's (2000) review of the literature on newcomer youth indicated that socio-economic status affects the healthy emotional and social development of both adolescents and children. However, as previously mentioned, Citizenship and Immigration Canada (2000a) reported that 40% of very recent immigrant women and 38% of very recent immigrant men live in a low-income situation. As well, 56% of Canadian-born children and youth, compared to 36% of immigrant children and youth live in households with an income of $40,000 or greater (CCSD 2001). When conducting focus groups with immigrant youth, the CCSD (2001) reported that the frustration felt by parents who were either trying to receive accreditation for their training/degree or obtain employment in the new country also affected young people. Thus, it is important that the well-being of newcomer youth not be viewed solely within the context of familial and personal resources as such factors are often linked to broader opportunities and challenges within the larger social systems of the host country (e.g., immigration policy, employment opportunities and recognition of previous education).

Self-esteem and gender
A review of the empirical literature on mental health points toward insufficient gender-specific research regarding the self-esteem of newcomer youth. While little attention has been given to studying the mental health issues of newcomer adolescent females, less is known about influences that promote or challenge their self-esteem. The paucity of information on this segment of society persists despite the increasing recognition of self-esteem as an important aspect of mental well-being.

In one study dealing specifically with immigrant youth and self-esteem (although not specific to female immigrant youth) conducted in the United States, Yu and Berryman (1996) considered the association between the levels of acculturation and self-esteem, and the recreation participation levels of recent Chinese immigrant adolescents in New York's Chinatown. The researchers addressed the fact that recreation is often used in the United States as an effective tool to help immigrant children assimilate. However, they also recognized that the notion of recreation is often defined differently for Chinese than for Westerners (e.g., in recreational activities Chinese are passive as opposed to active). Findings revealed recreation participation by Chinese immigrant youth was influenced by certain perceived recreational barriers: a lack of English proficiency, no opportunity, partner or money, a lack of information. As well, both self-esteem and acculturation were related to the level of perceived recreation barriers. For instance, students with higher levels of self-esteem participated significantly more often in recreation activities.

Rumbaut's (1994) large-scale U.S. study of children of immigrants from Asia, Latin America and the Caribbean (half the sample of 5,127 participants were immigrants and half were born in the United States) found gender to be the second strongest predictor of psychological well-being (after parent–child conflict). Females had lower levels of self-esteem and higher levels of depressive symptoms. Black self-identity was positively related to higher self-esteem, which, according to Rumbaut (1994: 785, italics in original) "debunks the enduring but erroneous folk wisdom that minority groups or lower-SES [socio-economic status] children *ipso facto* must have lower self-esteem."

In her review of literature on cultural identity and self-esteem, Khanlou (1999) considered individual factors (age and gender) and environmental factors (acculturating group, cultural background, family circumstances/socio-economic status, perception of family and peer support). In almost all the areas addressed, there were inconsistent findings across the studies. Differences in the demographic attributes of the samples, measurement instruments, conceptualization of constructs, and the studies' contexts contributed to the inconsistencies. Often, the studies were conducted in the United States along cultural or racial groups particular to that context. To plan and implement appropriate mental health promotion policies and strategies for newcomer youth in Canada, research is needed that examines the development of self-esteem among newcomer youth, considers the role of gender, as well as the multiple influences on self-esteem development in a Canadian context.

Refugee Youth

The issues confronting immigrant and refugee youth may be similar in some regards (e.g., language barriers, social isolation); however, it must be recognized that refugee youth comprise a unique sub-population among immigrants. As suggested by the Canadian Task Force on Mental Health Issues Affecting Immigrants and Refugees (Beiser 1988), immigrants and refugees may share many of the same problems, but there are differences that have implications for their mental health. For instance, in reviewing the literature on the "healthy immigrant effect" in Canada, Hyman (2001) found that refugee children were at greater risk for mental health problems than immigrant children. Among refugees, traumatic events such as forced migration, war and famine elevated the risk of mental health problems, such as suicide, post-traumatic stress disorder and lasting depression. The "healthy immigrant effect" is related to the "observation that immigrants are often in superior health to the native-born population when they first arrive in a new country, but lose this health advantage over time (Hyman 2001: 1).

Several studies dealing specifically with refugee youth have been conducted in Canada. Tousignant et al.'s (1999) research was based on the results of a psychiatric epidemiological survey conducted with both female and male adolescent refugees from refugee families representing 35 nations. It was found that as a group, refugee adolescents had a higher rate of psychopathology compared to others of a similar age (i.e., 21% for refugee adolescents vs. an 11% province-wide rate for adolescents). Refugee youth from different countries shared similar rates of psychopathology (i.e., 23.1% Southeast Asia, 26.7% South America, 25% El Salvador and 28% Cambodia). The age of arrival in Canada was not associated with psychopathology and no difference was found between the rate of diagnosis of psychopathology between metropolitan and non-metropolitan areas. Gender differences were reported, where female refugees were at greater risk than males (except in the case of conduct disorders), with one in four females reported as suffering from simple phobia. The mental health of male refugee youth was found to be associated with parental separation (i.e., the rate of psychopathology for males was five times lower if they were living with both parents). Notably, for both females and males, a period of six months or greater of unemployment for the father was associated with psychopathology, indicating that parental circumstances can have consequences for the entire family during the period of settlement and adjustment in the new country.

Hyman et al. (2000) conducted a qualitative study looking at the experiences of Southeast Asian refugee youth in Canada. The issues that emerged during the interviews for this study included school adjustment, which dealt with the two main themes of marginalization and cultural conflict; parent–child relationships, which dealt with the two main themes of communication difficulties and parental expectations; and intra-personal conflict, which dealt with the two main themes of acculturation, and values and ethnicity. The emerging themes were similar to those identified in the literature regarding difficulties faced by immigrant and refugee youth when adapting to the new country. The study focussed on refugee youth, giving voice to the issues as they exist for this specific sub-population of migrant youth.

Other studies conducted in Canada have considered mental health issues among specific ethnic refugee groups. For example, Rousseau et al. (1997) compared the pre-migration (trauma and separation) and the post-migration (family and social network) context of refugee children from Central America and Southeast Asia who were attending Montréal schools. It was suggested that the effect of pre- and post-migration experiences could not be predicted without accounting for contextual and cultural factors. In a longitudinal study, Rousseau et al. (1999) examined how war-related trauma affected the later social adjustment and functioning of Cambodian refugee youth living in Montréal. It was reported that responses to trauma were complex, depending on the timing of trauma as well as on developmental factors. For example, the Cambodian youth in this study were said to differ from populations in other studies because having left Cambodia at a young age they had a low level of exposure to the Pol Pot regime.

Knowledge Gaps

The literature review indicates knowledge gaps in relation to mental health promotion among newcomer female youth in Canada. Studies that address the mental health of adult newcomers or youth in other immigrant-receiving countries cannot be generalized to newcomer female youth in Canada's multicultural, urban settings. The influence of intersections of gender with developmental stage, migrant and visible minority status, and available systems resources on mental health promotion among newcomer female youth needs to be considered. Specifically, there is insufficient theoretical and empirical focus on self-esteem, an important aspect of mental health, of newcomer female youth.

Studies that are not gender specific cannot adequately address the unique circumstances of newcomer female youth. Research conducted in a Western context has consistently reported that female youth score lower on measures of self-esteem (Block and Robbins 1993; Chubb et al. 1997; Harper and Marshall 1991; Klein 1995; Rumbaut 1994; King et al. 1999). However, little is known about the influences that promote or challenge the self-esteem of newcomer female youth in Canada during the post-migration period. Although newcomer female youth face many of the same developmental and societal influences as their Canadian-born counterparts, the interplay between their gender, life stage and minority status can result in distinctive challenges to their self-esteem. For example, previous research with female adolescents who were immigrants or descendants of immigrants of East Indian origin found the youth experienced a dual transition (Khanlou and Hajdukowski-Ahmed 1997). In addition to going through psychosocial developmental changes, the adolescents faced the challenging

16

task of balancing the cultural expectations of their family and cultural community with the differing cultural expectations of their peers, school and Canadian society.

The presence of conceptual disparities in studies of youth as well as the varying socio-economic and geopolitical contexts limits the generalizability of findings from one immigrant-receiving country to another. Results of studies conducted on immigrant youth's mental health outcomes are not necessarily comparable across countries and in light of their resettlement experiences. As an illustration of varying conceptions of these constructs, Klimidis et al. (1994) considered whether immigration status was associated with greater psychological morbidity in a group of native-born Australian adolescents and immigrant youth. Results indicated that immigrant status did not affect the four measures of psychopathology (i.e., social anxiety, anxiety state, depressive state and general psychopathology). Thus, immigrants were deemed not to be at a higher risk for psychological morbidity when compared to native-born groups. In this particular case, results cannot be generalized to immigrant youth who are newcomers to another country because of the manner in which immigrant status was defined. (Immigrant status was used to refer to second-generation immigrants, that is, Australian-born children of immigrant parents.)

Finally, increasing attention needs to be directed to mental health promotion. Often, studies conducted on mental health issues of newcomer youth deal with mental illness or psychopathology. Research is also needed which focusses on mental health promotion, such as the promotion of self-esteem, among newcomer female youth during the post-migration period. Although studies of Canadian-born youth (King et al. 1999) have identified determinants of positive self-esteem (e.g., good relationship with parents), these findings cannot be generalized to newcomer female youth because of the unique experiences they face as adolescents in a new country. This study specifically explored issues related to the self-esteem development of female newcomer youth attending school in a large urban, multicultural city in Canada. As described in Chapter 4, given the epistemiological parallels between mental health promotion and participatory action research, it was influenced by a participatory action research framework.

4. RESEARCH METHODOLOGY

The study described in the following chapters of this report examined mental health promotion issues among newcomer female students attending secondary school in Toronto. Ethical approval for the study was obtained from the Toronto District School Board's (TDSB's) Research Review Committee and the Centre for Addiction and Mental Health's (CAMH's) Research Ethics Board. Data collection was achieved through focus groups, interviews, questionnaire administration and youth focus group evaluation. In addition, notes were taken during the meetings and an ongoing field log was maintained through the study, the details of which are explained in subsequent sections.

Participatory Action Research and Mental Health Promotion

The study's research design and methods were influenced by a participatory action research (PAR) approach. Originating from the fields of adult education, international development and social sciences (Denton et al. 1994; Maguire 1987; Smith et al. 1993), PAR is often practised in cross-cultural contexts (McTaggart 1991). As a research framework, PAR arises from participatory research and action research. See Brown and Tandon (1983), for a detailed comparison of the two approaches.

There are many parallels between the evolving conceptualization of mental health promotion in Canada and the tenets of PAR. Both address improvement in the lives of people involved. For example, mental health promotion is recognized as "the process of enhancing the capacity of individuals and communities to take control over their lives and improve their mental health" (Centre for Health Promotion 1997). In her work, *Doing participatory research: A feminist approach*, Maguire (1987: 29) pointed at the types of change aimed for by participatory research:

- development of critical consciousness of both researcher and participants;
- improvement of the lives of those in the research process;
- transformation of fundamental societal structures and relationships.

Mental health promotion and PAR both recognize the capacities of people and the potential for action. For example, mental health promotion enhances the population's competencies (Willinsky and Pape 1997) and "uses strategies that foster supportive environments and individual resilience, while showing respect for equity, social justice, interconnections and personal dignity" (Centre for Health Promotion 1997). A characteristic of participatory research is that it strengthens "the awareness in people of their own abilities and resources" and supports them to mobilize or organize (Hall 1981: 7-8).

The ideological parallels between mental health promotion and PAR can lead to simultaneous health promoting, participatory and action outcomes in studies that examine mental health promotion and are influenced by PAR. For example, application of the PAR framework in research with a group of female high school students who were immigrants or descendants of immigrants contributed simultaneously to mental health research and mental health promotion of the youth participants (Khanlou and Hajdukowski-Ahmed 1997). In a study of the Toronto Latin American Parent Support Group, the action research approach led to the call for policy changes to promote the genuine collaboration of parents in the education system (Bernhard and Freire 1999).

The degree to which the research process is influenced by a PAR framework can vary across studies. How the research focus originated, the existing relationships between researchers and participants, the time span for the study and the available resources are some of the issues that influence the degree to which a PAR approach permeates a study. Despite the practical and process challenges, the participatory and action features of PAR and its ideological parallels with health promotion should encourage mental health promotion researchers to consider its application, especially in community-based studies, albeit to varying degrees.

This research project had several participatory features and one action component. For example, as described in subsequent sections, the participants were involved in identifying their areas of interest during focus groups or meetings. Following the suggestion arising from the youth participants' ESL head teacher and with support of the youth, an action component entailed the youth selecting books for their ESL program. The youth provided feedback on the experience of participating in the research project, the results of which are described in Chapter 5.

Focus Groups and Interviews

The goal of the study was to include two public, Toronto-based, secondary schools with the Toronto District School Board. Through the facilitation of M. Freire, one of the study co-investigators, contact was initiated with potential participating schools. Schools with high cultural diversity among their student population were considered. Two secondary schools with the TDSB, referred to in this report as School A and School B, agreed to participate in the study.

The TDSB School Profile 2000 (TDSB 2001d) indicated that both schools have been in existence for over a century. In 2000, School A had a student population of close to 600. Over 60% of the students' primary language was other than English. Close to 20% of the students had lived in Canada for two years or less and a similar proportion had lived in Canada for three to five years. School B had a student population of over 1,000. Over 60% of the students' primary language was other than English. The proportion of students living in Canada for two years or less was just over 6% and for those living in Canada for three to five years was close to 10%. Both schools had ESL programs.

Table 3 presents the sequence of meetings, including the type of meeting, the participants and the facilitators present, in chronological order of occurrence.

Table 3: Focus Groups and Interviews

Type	Participants*	Facilitators**
Pre-focus group (School A, Meeting 1)	Principal	N, M
Pre-focus group (School B)	ESL head teacher	N
Pre-focus group (School A, Meeting 2)	Principal, ESL head teacher	N, D
Educators focus group (School A)	Principal, vice-principal, ESL head teacher, 4 ESL teachers, 2 SEPT workers	N, D
Interview (School A)	2 SEPT workers	N
Interview (community)	1 social worker	N
Youth focus group 1 (School B)	P1, P2, P3, P4, P5, P6	N, D
Youth focus group 2 (School B)	P7, P8, P9, P10	N, A
Youth focus group 3 (School B)	P7, P8, P9, P10	N, A
Youth focus group 4 (School B)	P1, P2, P3, P4, P5, P6,	N, D
Youth pre-focus group (School A)	12 potential youth participants	N
Parent interview 1 (community)	PA1, PA2	N
Parent interview 2 (community)	PA3	N
Field trip to bookstore (School B)	Youth and ESL head teacher	N

Notes:
* The names of youth participants are substituted with P1-P10 to maintain confidentiality. The same name designation is assigned to the same participant during each group meeting. PA1-PA3 are the parent interviewees.
** N is the abbreviation for Nazilla Khanlou, M is for Marlinda Freire, D is for Daniela Giordano and A is for Alison Low.

Pre-Focus Group Meetings

Information on the study was provided to the school principals. In the case of School A, two meetings were held, referred to in Table 3 as "Pre-focus group (School A, Meeting 1)" and "Pre-focus group (School A, Meeting 2)." It was suggested that contact be made with the two Settlement and Education Partnerships in Toronto (SEPT) school settlement workers at School A and a social worker who had conducted a support education group with female students of Caribbean background at the same school. In the case of School B, N. Khanlou communicated via telephone with the school principal and, on the principal's request, met with the Head of the ESL program to describe the study further, referred to as "Pre-focus group (School B)." In both cases, school participants were enthusiastic about the project and had helpful suggestions regarding administration of the focus groups at their school.

Educators Focus Group

The first focus group took place in September 2000 and consisted of the educators focus group at School A, identified as "Educators focus group (School A)" in Table 3. The 11 participants included two facilitators, the school principal and vice-principal, the ESL head teacher and four other ESL teachers, and two SEPT settlement workers. In line with the participatory framework of the research project, feedback was obtained regarding the issues to be addressed with newcomer youth. To this end, the facilitators distributed copies of the general outline of questions for the focus groups and the research questionnaire. The face validity and relevance of the consent form and demographic information of the questionnaire were discussed. Revisions were made to make the questionnaire more appropriate for ESL students in terms of language level and vocabulary use. School A later approved the revised questionnaire.

School and Community Health Centre Interviews
In October 2000, a meeting took place with the two SEPT settlement workers at School A, identified as "Interview (School A)" in Table 3. The SEPT program is a partnership between the TDSB and 43 agencies involved in settlement and is funded by Citizenship and Immigration Canada. Its objective is, through "connecting newcomer families to settlement services in the community and the TDSB", to "help families settle and thereby promote student performance" (S.E.P.T. nd). The role of the school settlement workers is to "help build bridges between parents, students, schools and the community." During this meeting, information was obtained regarding mental health stressors affecting immigrant and refugee adolescents in general, and issues faced by migrant youth within the school system in specific. Also in October, a meeting was held with the social worker at a community health centre located near School A, identified as "Interview (Community)" in Table 3. This social worker had conducted a support education group for Caribbean young women at School A. The experiences of female immigrant youth who were visible minorities within the school system were discussed.

Youth Focus Groups
Four focus groups were held with female newcomer youth in October and November at School B. These meetings are identified as "Youth focus group 1 - 4 (School B)" in Table 3. One pre-focus group meeting was held in December at School A, identified as "Youth pre-focus group (School A)." At this meeting, the study purpose was described and consent forms were distributed to potential youth participants. Despite interest in the study by the school and potential youth participants, no subsequent youth focus groups were held at School A in January 2001. This was partly due to the significant pressures (such as ongoing changes at the TDSB) faced by the school system during the time of the study, making it difficult for school staff to find time and arrange for youth focus groups.

During prior communication with the head of the ESL program at School B, it was suggested that two meetings, instead of one focus group, with the same group of youth would allow for collection of more detailed information. As per the participatory framework of the study, the suggestion was incorporated into the study. Thus, two focus groups were held with each of the two different groups of youth. As indicated in Table 3, six participants (P1 to P6) comprised one group and four participants (P7 to P10) comprised the other group. The participants were adolescent immigrant females who were students in ESL classes. The two groups had different ESL teachers. One teacher was the head of the ESL program at School B. Consent forms were distributed to the youth by their teachers. The forms were signed by the youth and their parents before the focus group meetings.

Approval for the audiotaping of the sessions was sought from, and granted by, the group during each focus group meeting. In the first meeting, the facilitators introduced themselves and the purpose of the study. The youth participants were encouraged to introduce themselves and to ask questions regarding the study. The female students completed the study questionnaire consisting of the current self-esteem instrument and demographic information. Discussion then ensued on relevant self-esteem issues for the participants. Before ending the meeting, participants were asked to identify what they would like to discuss in the next meeting and a list was compiled. The second focus group meeting consisted of a follow-up discussion concerning the relevant issues identified in the first meeting. The facilitators also guided the discussion in connection with the objectives of the study. At the end of this meeting, the participants completed a focus group evaluation form. The above process was duplicated with both groups of youth.

Under a PAR model, the participants decide how their mental health issues are to be studied. This decision is influenced by how useful the attained knowledge is in coping with their daily lives. Therefore, during the meeting with the adolescents, while identifying their research interests, the researchers were also sensitive to the areas of interest for discussion proposed by the adolescents. Exchange of knowledge, confidentiality and group ownership of the process were emphasized. However, given the limited number of contacts with the youth (i.e., two focus group meetings), the facilitation of the process was primarily conducted by the researchers. In previous work with female youth using a PAR framework, because of more extended contact with the same group of youth (i.e., 10 meetings), youth control over the process developed over several months and benefited from the consistent leadership of a student peer (Khanlou and Hajdukowski-Ahmed 1997).

Parent Interviews

Two parent interviews were held in January 2001 at an ethnocultural community association in Toronto. Present at the "Parent interview 1 (Community)" were two mothers (identified in Table 3 as PA1 and PA2). "Parent interview 2 (Community)" was conducted with one mother (PA3). All three women had immigrated to Canada and, in addition to their personal experiences as mothers, worked with immigrant visible minority youth. The interviews provided a rich source of information and a complementary perspective to the information gained through the youth and educator focus groups.

Setting the Atmosphere for the Focus Groups

Participants wore a name tag indicating their first name, so the facilitators could learn their names and refer to them during the discussion. As well, two facilitators were present at each focus group. One had the primary responsibility for facilitating the group discussions and the other assumed responsibility for note taking and audiotaping. Following each focus group, the two met to discuss and record field notes of their experiences. These notes contained data on the researchers' impressions, insights, experiences, interpretations and observations on the process and structure of the study (Willms and Johnson 1993). The learning gained was used to improve the following focus groups.

Questionnaire

The research questionnaire (Appendix B) was completed by the youth participants during the first focus group meeting. The first part of the questionnaire contained the current self-esteem

(CSE) scale. The CSE consists of a visual analogue scale, through which respondents are asked to assess their feelings toward the self over the course of the previous week, and three open-ended items. The first two open-ended items ask the respondents to identify self-esteem promoting or challenging influences. The last item assesses self-esteem promoting strategies as identified by the respondents. The CSE was first used among East Indian-Canadian female adolescents (Khanlou and Hajdukowski-Ahmed 1997) and, subsequently, with minor changes, among Canadian-born and immigrant youth (Khanlou 1999). The open-ended items of the CSE allow respondents to identify self-esteem promoting or challenging influences that arise from their individual context and to suggest strategies which they believe would promote their self-esteem. The second part of the questionnaire gathered demographic information on the respondents and on the cultural, educational and professional background of their parents.

Field Log

An ongoing field log was maintained throughout the study. Chronological entries into the field log included communication related to the study conducted outside the focus groups (e.g., during meetings between the principal investigator and other co-investigators and research assistants), pre- and post-focus group preparations (e.g., communication/meetings with school administrators, focus group agendas) and personal reflections and reactions arising from the fieldwork experience (e.g., post-focus group meetings and reflections among facilitators).

Analysis

Sources of data for the qualitative analysis included transcription notes from the focus group meetings and interviews, as well as the study's field log. Both the transcription notes and the field log were entered in word processor text files. The taped meetings were transcribed verbatim. For the meetings which were not taped (the pre-focus group meetings and the community health centre meeting), summary notes taken during the meeting were later expanded and entered into word processor text files. The qualitative analysis of data was influenced by Willms and Johnson's (1993) guidelines for developing a coding scheme. Our qualitative analysis involved the following steps.

1. The text files containing transcripts from the youth focus groups were read for a general understanding of the data. Data from the youth focus groups were selected as the starting point to ensure the centrality of their voices in presenting the findings of the study. The principal investigator and research assistants coded the text. Phrases or words describing the content of the data were written on the margin of the transcripts, resulting in preliminary sub-themes and pointing to emerging themes. This process was conducted separately by the coders.

2. Triangulation of identified themes and sub-themes was achieved through a face-to-face meeting. The coders compared their lists of sub-themes and discussed how these grouped together under themes. Hierarchical positioning of the sub-themes was considered through various diagrams. To achieve a context-specific understanding of the findings, references were continuously made through the discussions to the setting (secondary school system) and the participants.

3. Following consensus on the emerging themes and sub-themes, the coding system was applied to the remainder of the transcripts, including data from the interviews and field notes.

The quantitative analysis, based on questionnaire data, consisted of descriptive statistics and identified the study participants' demographic background and their CSE level on the visual analogue scale.

Participants

Youth Participants

Ten female adolescents participated in the focus groups. Their average age was 17 and all lived in the downtown Toronto area. Eight participants were in Grade 12, and two were in Grade 10. Four participants had marks in the A range, three had marks in the A/B range, and two had B/C marks. (One participant did not respond to this item.)

Three participants were born in Korea, four in China, one in Russia, one in Taiwan and one in Macao. Nine of the youth participants were from visible minority backgrounds. The average age at immigration to Canada among the group was 13.9 years (ranging from 10 to 17 years old). Four participants came to Canada with family, two with both parents, one with parents and siblings, one with her mother, one with her mother and siblings and one with an extended family member (cousin). Participants were asked about the language(s) they spoke at home. Three spoke Korean (one also reported English), three spoke Mandarin, two spoke Cantonese, one spoke Russian and one spoke Chinese. All participants spoke a language other than English at home. Four participants reported living with both parents, two with both parents and siblings, one with her family, one with her family except for the father, one with an extended family member (cousin) and one with her mother, stepfather and sibling. (P1, P7 and P8 were from the same family, that is, they were sisters).

Information was gathered on the participants' parents. Among mothers, five were born in China, three in Korea, one in Taiwan and one in Moscow. The youth were asked to identify the original ethnic or cultural background of their mother. The responses provided were parallel to place of birth responses (five mothers were identified as Chinese, three as Korean, one as Taiwanese and one as Russian). In terms of the mothers' education, all 10 participants had mothers who had attended school. On average, mothers had about 11.7 years of schooling (based on nine participants, one was not sure). Six mothers had worked in their home country. In response to what work the mothers did, types of work identified included housekeeper, coroner, elementary school teacher, factory, restaurant and variety workers, and an engineer. In Canada, five of the mothers worked, including working in a beauty salon, a factory, a business and a supermarket.

Among the fathers, five were born in China, three in Korea, one in Taiwan and one in Russia. As with responses related to mothers, the identified original ethnic or cultural backgrounds of fathers were parallel to place of birth responses. Nine participants had fathers who had attended school (one did not go to school). On average, fathers had about 14.7 years of schooling (based on eight participants, one was not sure). All 10 fathers had worked in their home country in such areas as a clergyman, newsman/teacher/film shooter, civil engineer, open business, car repairer, restaurant/variety worker and engineer (based on eight responses). In Canada, eight of the fathers worked, including working in such areas as a minister of a church, factory worker, open businessman, machine repairer, engineer and supermarket clerk.

When asked who they would go to for help if they had a problem, responses made reference either to family (parents, mother, father, sister, cousin), friends or significant others (boyfriend). One participant mentioned a professional (teacher).

Educator Participants

Nine participants were in the educators focus group, consisting of School A's principal, vice-principal, two SEPT workers and five teachers. In terms of gender, four were female and five were male. During the focus group meeting, the participants identified their immigration and cultural background. Three were immigrants (from Guyana, Japan, Sri Lanka) and six were born in Canada (with such backgrounds as Ukranian, Finnish or Polish).

Interviewees

As described previously, interviews were held with SEPT workers, a social worker at a community health centre and with three parents. The SEPT workers were the same two who participated in the educators focus group. Both were from a visible minority background. The social worker was a female from a visible minority background. The parent interviews were held with three mothers who were also from a visible minority background. All three were immigrants from Africa. Before immigrating to Canada, two had lived in Europe and another had lived in the Middle East and Europe. Among them, one was a mother of three of which two were females, one was a mother of two, and one was a mother of three of which all were females (this mother was also a grandmother). One mother was married, one was separated and one was a single mother. Two participants had a nursing background. Because their credentials were not recognized in Canada, one worked as a community mental health crisis counsellor and the other was completing a college degree in counselling. The third participant worked at a day care affiliated with the ethnocultural community association and had early childhood education training.

5. MENTAL HEALTH PROMOTION AND CHALLENGING INFLUENCES

The findings reported here draw from the analysis of data from the focus groups (youth and educators), interviews and responses to the study questionnaire. Questionnaire findings on self-esteem are presented first. Next, analysis of qualitative data from the focus groups and interviews are considered. Each subsequent section corresponds to an emerging theme and its related sub-themes: self-concept, language, relationships and systems issues. An overall discussion of emerging issues from study findings follows. Finally, the evaluation of the participatory aspect of the study is presented.

Self-Esteem

All 10 youth participants completed the current self-esteem component of the questionnaire. Using the visual analogue scale, respondents were asked to indicate how they had felt about themselves over the course of the last week, with number 1 indicating "didn't feel good about myself" and number 10 representing "felt great about myself." The average score for the group was 7.9, which was in the feeling good half of the scale. Three respondents had circled the high score of 9, three had selected 8 and four had circled 7. This finding is similar to the average score of 7.2 for a group of East Indian-Canadian female adolescents (Khanlou and Hajdukowski-Ahmed 1997). In that study, five respondents were first-generation Canadian and one was an immigrant youth. In another study of 550 Canadian-born and immigrant secondary school students (Khanlou 1999) the average CSE value for females was 6.8; for males, it was 7.5, resulting in a statistically significant gender difference. No statistically significant difference was found between Canadian-born youth (435 respondents) and migrant youth (99 immigrants and 14 visa students).[3]

The first open-ended item after the CSE visual analogue scale asked respondents to identify influences that made them feel good about themselves. As presented in Table 4, in decreasing order of occurrence the identified influences were related to Self, School, Relationships, Achievements and Lifestyle. The responses grouping follows the coding scheme used in the earlier study of 550 Canadian-born and immigrant secondary school students (Khanlou 1999). The Self theme emerged from responses that deal with some aspect of the youth's views of themselves, such as their appearance, personality attributes, work ethics and knowledge. The School theme dealt with their school-related experiences, such as studying and getting good marks. The Relationships theme contained responses related to the respondents' relationships with various people, such as family and friends. Responses related to success or failure in different areas of the youth's lives were categorized under the achievements theme and included musical accomplishments. Responses related to lifestyle habits or attitudes were classified under the Lifestyle theme. In one respondent's case, having fun on the weekend had been a source of feeling good about herself.

The second open-ended item of the CSE asked respondents to identify influences that did not make them feel good about themselves. As presented in Table 5, most responses were related to School, followed by Self and Lifestyle and Relationships. In relation to School, receiving low marks and difficulty in learning English were among the influences that did not make the female youth feel good about themselves. In relation to Self, these included concern about an aspect of their personality or cognitive ability. Losing time through various activities, such as through watching television, was a Lifestyle behaviour that negatively influenced the youth's sense of self-worth. Other people's hurtful talk, and in one case pressure from parents to succeed academically, were among the Relationship influences.

Table 4: Self-Esteem Promoting Influences

Influence	Examples
Self	"appearance," "to look good," "my kindness," "my honesty," "know more knowledge than others," "sense of fashion," "when I am thinking about my future," "I felt good about I am the one that make other people happy," "the want to be educated," "organized (when test comes)," "hard work."
School	"my study, 'cause I always study very hard," "after I solved a difficult math question," "get good marks on test," "answering questions in the class and is correct," "high mark on math," "got good mark on music and math," "studying," "no a bad student," "no get lower mark."
Relationships	"my friends, 'cause I have many good friends," "have a lot of friends," "my grandparents, 'cause they always buying stuff to me," "listening good things about me," "when people appraise me," "being with my family."
Achievements	"practising singing," "accomplish my goal," "I can play violin," "I got appointment from Toronto's education board for playing piano," "I can research easily from Internet."
Lifestyle	"having fun in the weekend."

Table 5: Self-Esteem Challenging Influences

Influence	Examples
School	"mark," "when I did very bad on a test," "failed the test," "forget to do homework or prepare test," "go to school late," "sometime I always feel that English is hard to learn," "when I didn't fit with the regular students," "when I get low mark at the specific subject," "got bad mark in English," "didn't study hard."
Self	"I feel stupid," "some of my personalities always made me feel bad about myself. Sometimes I'll hurt somebody's feeling that I don't even realize because of my words, or behaviour," "I like to make comparison between me and the others who always seem better than me in everything. At that moment, I'll feel ashamed and don't like myself," "I feel that sometime I was very dumb to do something or learn something," "being lazy when I have to study," "lazy."
Lifestyle	"didn't get enough sleep," "wasting time after coming home from school; watching television; listening to music; talking on the phone and/ or chatting on icq [Internet]," "always watch TV."
Relationships	"heard someone talk about me at behind me," "people say something that hurts me," "others laugh at me," "my parents, they alway give so many pressure to me, like I should attend university and if I not attend university, don't call them parent."
Achievements	"do something wrong."

The last open-ended item of the CSE asked respondents to identify what they could do to feel good about themselves. Table 6 presents examples of responses. Most were related to Lifestyle, Self and School. In relation to Lifestyle, playing or listening to music, having a hobby and reading were among the identified activities that could help youth feel good about themselves. In relation to Self, dressing well, improving an aspect of the personality, doing what needed to be done and thinking well of oneself were identified. Studying more and getting better marks were the School-related activities identified. Under the Other theme, one respondent identified going back to her country of origin as a way to feel good about herself.

Table 6: Self-Esteem Promoting Strategies

Influence	Examples
Lifestyle	"have a special hobby," "sing, sleep or do the computer," "listening the music," "talk to the friend in Internet," "play piano," "read some fiction," "look at my favourite singer's picture."
Self	"dress nice, maybe a little different from other people," "wear neat, clean, comfortable," "practise," "do things that I have to do," "be efficient," "I would like to cover up myself in some ways when I'm not feeling good about myself. Then maybe I'll feel better," "to change some of the bad personality of mine," "think good things about myself."
School	"do better at my school stuff," "study harder," "get good marks in school/on report card," "spend more time with studying OACs [Ontario academic credits]."
Achievements	"finish every job, work on time," "do everything accurately."
Relationships	"to listen more what teacher and parent idea."
Other	"went back to China."

The pattern of responses to the CSE found in this study has similarities to those found in the Canadian-born and immigrant youth study (Khanlou 1999), in which relationships, school, self and achievements played an important role in promoting or challenging the youth's self-esteem. Lifestyle-oriented activities (which is the prevailing health promotion focus directed at youth within the secondary school system) were often identified among the strategies.

Academic success was an important influence on the newcomer female youth's sense of self-worth. As demonstrated in tables 4 to 6, getting good marks and studying hard played an important role in how the youth felt about themselves. These responses were not limited to the School theme and also surfaced in relation to the Self theme, such as "the want to be educated" (under self-esteem promoting influences). The youth were cognizant of the link between success in high school and future higher education goals and career plans. In addition to the high expectations of the youth themselves, their parents relayed similar expectations. At times, the high expectations regarding academic success coupled with learning a new language (English) and secondary school curriculum in their new country of residence, resulted in pressure for the newcomer female youth and influenced self-esteem.

Self-Concept

The emerging picture of the participants' self-concept points to a dynamic and multi-layered experience of the self. While labels such as "immigrant," "ESL student," "refugee," "Canadian born" can be useful as a preliminary step to identify which particular group of youth are being considered, as the findings reveal, such labels cannot provide an adequate understanding of the uniqueness and diversity of youth. Although youth may be cognizant of the various labels, their experience of their "self" is a dynamic process that draws from a rich source of experiences, knowledge and sensitivity to context. The sub-themes related to various aspects of the female youth's self-concept consist of dynamic self, silenced self, cultural identity, female role models and future aspirations.

Dynamic Self

Findings on the contextual nature of negotiations related to the newcomer female youth's cultural, gender and youth identity are considered here.

Self-identification

In introducing themselves at the focus group meetings, the youth included references to their cultural background, languages they speak and interests. For example, in addition to referring to an aspect of cultural identity in her conception of self through her identification with Korea and the Korean language, P1 referred to her interests in vocal music. P4 referred to her future aspirations and to herself as a creative person, reinforcing the notion that the participants are not only "immigrants" but like all other youth, have other aspects of self that go beyond those of being in a new country, including future aspirations and creativity:

> *I'm from Korea, and I'm 17 now. I'm learning the vocal music, the vocal music. I'm speaking Korean at home, and I've lived here for three years* (P1, FG1).

> *I'm 17 turning to 18, and I'm from Macau.... And I'm interested in psychology, I want to go to learn psychology. And I am creative and, you know, person* (P4, FG1).

At one point, the participants talked about changing their names or having two names and choosing new names that are less difficult for "Canadians" to pronounce. The activity of anglicizing one's name and its impact on one's self-concept merits further discussion. The action is a means of making one's assimilation into, and possibly one's acceptance by, the mainstream culture easier. Given the cues the newcomer female youth receive from the environment, they engage in an activity that is closer to assimilation than integration. According to Berry (1990; Berry et al. 1989), assimilation or integration has different consequences. Under his two-dimensional model of acculturation, there are four modes of acculturation (integration, assimilation, separation and marginalization) for individuals and groups living in culturally plural societies. The integration mode "implies the maintenance of the cultural integrity of the group, as well as the movement by the group to become an integral part of a larger societal framework" (Berry et al. 1989: 188). When maintenance of cultural identity is abandoned and relationships with the larger society are deemed important, assimilation has taken place. Assimilation can occur "by way of absorption of a non-dominant group into an established dominant group, or it can be by way of the merging of many groups to form a new society, as in the 'melting pot' concept" (Berry et al. 1989: 187). The youth change their names to make belonging easier, which, paradoxically, affirms their difference and the feeling that their names, an aspect of their self-identity, do not "belong" in Canadian culture. However, changing one's name to fit in, raises the question of its impact on the self, specifically on one's identity and self-esteem.

It is interesting to note that during the teacher focus group, a teacher mentioned her own embarrassment regarding her "ethnic" name, similar to the issue raised during the youth focus group regarding changing one's name and adopting a Canadian name.

> *I'm first generation Canadian, Finnish, Finland, have you ever heard of it? (Giggle). And, um, I grew up in "_____" when it was still a small town. Um, that was in the '50s, and I remember we had a thing there one time about names, people's names and pronunciations, and I told people at the time that I really hated my name, "_____", but half the teachers couldn't pronounce even that (T5, ESL FG).*

A youth participant (P8, FG3) pointed out that she feels better about herself when called by her original name, and that being called by her English name prompts her to speak English. This suggests that youth negotiate between an identity linked with the new culture and one linked with their original culture.

Comparisons with Canadian female youth
The newcomer female youth were asked whether there were any differences between immigrant and Canadian-born girls. One participant felt Canadian girls are more confident because they are in their own country and can speak English with ease. She also referred to Canadian girls feeling proud and better than immigrant girls, which may arise from the immigrant youth feeling prejudicial attitudes directed at her.

> *First, it's in Canada, right. So, Canadian girls, if Canadian girls see the other countries' girls they are proud of themselves because they can speak English. And they think that she's better than the other girl [immigrant girl] because they immigrate (P8, FG3).*

When asked if they thought Canadian-born females had the same issues as themselves, one participant made the important point that it depends on what they deem important. Another participant stated it was difficult to know, but that it could be different because of the difference in cultural norms.

> *'Cause it's different culture, grow up in a different place, affected by different people. So, should be still, should be different (P2, FG4).*

A few participants voiced the opinion that Canadian-born females had the same fears and issues as them, indicating that, in certain aspects, the newcomer female youth felt connected with their Canadian-born cohort and their experiences as female youth. Similarities in experience also emerged when asked what made female youth feel good about themselves. For example, several participants mentioned the influence of appearance (including clothing) on self-confidence.

It will make you feel confident, you feel good that you, you are able to talk to people with like, you think yourself as good enough to do things, you won't be scared, I mean (P4, FG4).

The last quote came from a participant whose dress and make-up indicated a greater degree of assimilation into mainstream Canadian youth culture. Responses to the study questionnaire also indicated "appearance" and "sense of fashion" among the self-esteem promoting influences. By experiencing the female teenage pre-occupation with self-appearance, an aspect of North American youth culture influenced by Western popular culture and the media, newcomer female youth faced, in this regard, similar societal pressures as their peer group.

Comparisons with newcomer male youth

The newcomer female youth were asked if young females and males faced similar experiences following their migration to Canada. Some participants believed they did because they were both new immigrants, thus making a connection between their resettlement experiences and those of males based on the newly acquired immigrant identity. For example, immigrant boys were believed to have similar experiences as immigrant girls in Canada concerning language and making friends.

They don't know English like us, right, and they are afraid of speaking English, so they could be afraid of saying something (P7, FG3).

As making friends same as girls. The Canadian boys may be not make friends with immigration boys (P10, FG3).

A parent interviewee held the opinion that there were similarities between female and male youth with regards to self-esteem and body image.

Issues will be the same. Because every human being needs a good self-esteem, you know, I have to have good self-esteem as a human being, I have to feel good about myself, and then, so, I think it's the same issue. I wouldn't be surprised if there are a lot of boys nowadays who want to look good, who want to dress up good, who want to fit in, because of the culture, it is material (PA3, PI2).

However, perceived gender differences also emerged in discussions. While one youth participant spoke to the fears of boys by acknowledging that they might also fear insects and ghosts, another made the comment that boys are stronger.

Even though they [boys] are afraid of stage or something, they just do it because they are more strong about things (P8, FG3).

P8's view of boys points toward her belief that male youth are more self-confident. The same participant went on to suggest that boys are more focussed, making goals and following through while girls gave up if they thought it was "really hard to do." Another participant, however, pointed out that although males seem to be greater risk takers, females are more detail oriented and careful, which has positive outcomes.

> *I think we are more careful than boys. Cause when I'm doing computer graphic, and my friend who is teaching me, he's a man right, he usually can't find the mistake, but women can find mistake easily (P7, FG3).*

When asked about gender differences between newcomer female and male youth, one parent said she did not treat her daughter differently from her son but, in other families, expectations were often different for females. She reported that, in some cases, young females faced restricted mobility, such as having to go straight home from school. As well, they were expected to help in the home.

> *And she was expected to take her, small daughter, sister to day care to drop, but not her brother. And, um, this was, and then in the evening when she comes, her mom is working during the evening so she has to, to give the lunch, or prepare lunch and give it to her dad and then to her brother and clean the dishes and so on, and finally she was really tired of it, and her grade was not good at school and then the school counsellor contact them. So there is this kind of problem (PA1, PI1).*

The issue of multiple roles for daughters, for example through responsibilities related to household duties which are often linked to more traditional notions of gender roles (and which could be in contradiction to those of the new host country) was a source of difference between newcomer female and male youth.

Silenced Self
During the discussions in one youth focus group, participants commented on how, because of difficulties with speaking English well, as a coping strategy, at times they pretend not to be present to deal with being in a situation where they are unable to communicate well in English with others and to have others respond to them in a positive way.

> *We pretend to be quiet or not there, nobody knows us, something like that. We don't speak English very well at first, right, so nobody wants to talk to us. Actually, though they don't even want to talk to us, we don't want to answer. Because we make wrong answer, and they're going to laugh, so we just pretend to be quiet (P7, FG2).*

An ESL teacher indirectly touched on newcomer female youth silencing the self. When in a situation where they do not understand, some girls will be very reluctant to speak.

> *It isn't just a matter of understanding what the vocabulary concepts are, it's a matter of what are the consequences of my answering this question? What's going to happen when I open my mouth (T1, ESL FG)?*

The silencing of the self as a coping strategy, even if on a situational basis, raises the question of its effectiveness in the long term and its influence on the newcomer female youth's sense of self and self-esteem. One participant in particular offered a hopeful outlook. She did not resort to the strategy of silencing the self and felt confident to initiate conversations, ask questions and make her voice heard.

> *I just talk...to other people. Even if I don't understand, I ask them. Then they explain to more easier words or something...so that I can understand* (P8, FG2).

It is of note that the above quote was from one of the youngest youth participants (15 years of age) who, throughout the two focus group meetings, demonstrated self-assurance across various discussions. In the above context of discussion, her confidence in herself may have been influenced by her ability to speak English better than other participants. The issue of language was a dominant one in the discussions and is addressed below.

Cultural Identity
The notion of cultural identity manifested itself across discussions related to ethnic pride, a sense of belonging to one's country of origin, and the lack of belonging to Canadian culture. For example, the following statements by the youth participants reveal a sense of belonging to their country of origin and a preference for that country.

> *But I like China more than here (lots of laughter)* (P10, FG2).

> *Same thing for me. I like Russia more. Lots of friends, family still there* (P9, FG2).

This preference, however, appears to be linked to the youth's feelings about themselves in Canada. That is, certain barriers (such as difficulty with speaking English) led to a yearning to be in the home country where they felt they fitted in, were more comfortable with themselves and, therefore, felt better about themselves and their lives.

> *I think it is more easier to live. [All the girls in the focus group agree.] Because it is their own language and personality you are you know — thinking is similar — that's why* (P8, FG2).

Lacking a sense of belonging, in part due to the inability to communicate to the degree they wanted to in English, the newcomer female youth felt they did not belong to their new country of residence. Feelings of nostalgia for the home country were also related to positive memories of, and continuing friendships with, other youth in their country of origin and to the lack of the same in Canada. In their work with newcomer youth in schools, the settlement workers were aware of the youths' longing for their home country and a sense of not belonging to Canada, especially during the first few months as students adjust to many changes.

> *Many of them within the first few months or so, that's all they think of, they want to go back* (S2, Meeting with SEPT workers).

They are marginalized, they need to be integrated into the whole school (S1, Meeting with SEPT workers).

Among the female youth participants in the study, there were different levels of integration into Canadian culture. This reinforces the argument that immigrant youth are a diverse group with similarities in their issues as they adjust to life in Canada as well as differences in such areas as their interests, resources and circumstances. For example, in discussions around dance, while one participant (P7) expressed being interested in both Korean and European dance, another (P10) adamantly disassociated herself from dance that originated from her cultural background.

Despite the challenges they face (such as new language acquisition, feelings of nostalgia for country of origin), the newcomer female wanted to learn more about Canada and its way of life. For example a youth participant, whose dress and make-up indicated more assimilation into mainstream Canadian youth norms, observed one was no longer a newcomer when one was used to living in Canada. In response to what could be done to help newcomer female youth feel good about themselves, another participant suggested increasing school-based opportunities to learn more about Canada.

We should have more field trips.... That give us chance to ask, so we learn more about Canada (P6, FG1).

This suggestion is related to empowerment through information and knowledge. Expanding programs that teach newcomer youth English and supporting extra-curricular activities outside the school (such as field trips) that expose them to various facets of Canada and the Canadian way of life can facilitate their sense of "fitting in" in their new country of residence.

Female Role Models

During the parent interviews, reference was made to the influence of female role models on female youth's self-esteem development. As a parent, PA3 was cognizant of the influence of other strong women in her life, including a teacher at her boarding school when PA3 was a child and her own mother.

But the role model was a lady she had two sons and she was African American...she was a very strong lady.... And some things from my mom, we didn't spend much time but when we have that time, my mother is a very strong women, very, very firm, very strong, and she would tell, you have to be tough when something happens. She would always say, even if you are sick, she says okay you take whatever is needed when you're sick, but be strong, if you are weak it will make you down, you know, I always say to my kids (PA3, PI2).

Through discussions with PA3, it became evident she was a role model for her daughters, emphasizing daily parent–child communication and fostering their self-development. For example, when speaking to one of her daughters about establishing new friendships following their immigration to Canada, PA3 had asked her daughter to think about whether she wanted to be a follower or a leader. PA3 believed that discussing issues with one's children was a necessary and an important part of parenting. As a single mother who had experienced several migrations to various parts of the globe, including Asia, Europe and Canada, PA3 was proud of her role as the parent of three daughters. Throughout the interview with the researcher, she enthusiastically provided her insights on healthy self-esteem development of female youth. To this end, she emphasized the importance of communication between parents and their daughters from an early age. PA3 believed parenting was a skill which, like other skills, must be practised, altered and learned throughout the process of raising children, and in which the development of self-esteem in children was also part of parenting.

> *You see the most important thing, in any issues, the most important thing is how close are you with your children, how much do you know your children really, how was their day passing by, you know.... [As a parent,] it doesn't matter which culture you come from, you have to have that self-esteem on your dictionary.... You know, we have in every culture in every dictionary, that's what I say, it doesn't matter whether it's this way or that way, there must be a way to make your child feel good and strong* (PA3, PI2).

Mothers being role models for their daughters emerged in discussions with PA2 as well. When discussing how speaking with an accent can serve as a barrier because it causes individuals to stand out as being different, PA2 reported that she was proud of her accent and felt no need to change it.

> *I think a lot of people have that feeling so that why they are afraid of speaking because of their accent. But for me I look at it in a different way.... There was some big people who have the accent, and I say, you know what is a very good quality to have so I am very comfortable, and I do not like try to change, I want to have an accent* (PA2, PI1).

A positive sense of self among mothers can undoubtedly send a strong message to their daughters. In a context where feeling different from other youth (e.g., due to one's racialized status, speaking English in a certain way, migrant status) can influence the self-esteem of youth, parents can be positive role models. Parents need the support systems to spend sufficient time with their daughters and, through ongoing communication, to help their children question the stereotypical and prejudicial attitudes youth may be subject to because of their experience of difference.

Future Aspirations

As with responses to the study questionnaire, during the focus group discussions, the female youth referred to doing well in their secondary school studies. Succeeding in high school studies was important for the youth and tied to future career plans and further education. One participant summed it up:

> *Hard work, future achievements* (P9, FG2).

Expectations regarding future academic and career aspirations were transmitted through the parents as well as the prevailing cultural context of their country of origin, where the participants had lived before immigrating to Canada. For example, when speaking about the school system in Korea, a female participant made reference to expectations regarding university studies.

> *We study 'cause we need to go to university. Korea they think of university as very important, they need to go there* (P7, FG2).

Most of the newcomer female youth participants had a positive outlook on their future in terms of their career and educational aspirations. Their interests varied and included such fields as business, computer graphics, music, medicine and psychology. Often, the female youth had taken steps (e.g., taking specific courses in school and private lessons) to prepare for and move in the direction of their future aspirations. The youngest participant, in particular, was confident that through further education at a world-renowned arts college she would be in high demand as a pianist.

Language

The theme of language was persistent across the discussions. As described in the preceding section on self-concept, the ability to speak English well, or with difficulty, was not experienced as an isolated part of the youth's abilities nor limited to their school-based accomplishments. It influenced how they felt about themselves given a societal context in which English is the mainstream language and a requirement for success in educational and career goals, for making friends and for feeling a sense of belonging to their new country of residence. One youth participant observed that in the new country, one does not feel as good as in one's own country, because of the language barrier, being unable to communicate one's thoughts and feelings, and being unable to make connections with others which may lead to isolation of self.

> *So nobody knows what you, what you feel* (P4, FG1).

Language ability was also seen to affect school outcomes which, in turn, influenced the self-esteem of young females. Getting low marks, due to the English level, caused them to feel bad about themselves. During a period in their development in which peer groups are important, language barriers also limited the possibility of creating friendships with Canadian-born youth.

> *I think they're happy to talk with us, but we cannot answer properly, right. So they just forget about their questions, or something like that. I think "_____" said that people they don't want to talk to us because those bad people (?) not even 10% of the school. I think if you understand the word and you could answer it, they'll happily talk to us, I think* (P7, FG2).

Two participants talked about their fear of having to speak English in front of a group, for example, during class presentations. They were afraid of not speaking English correctly. They would feel more confident if presenting in their native language or to a class of friends. Given their fluency level in English and the context, they were unable to feel confident during presentations — a setting in which peers actively listened and focussed their attention on them. They were afraid of being wrong and making mistakes.

> *Yeah. That's first one, and second is we don't know much of people. Like, if I say Korean, then I know every people in our class, right. But if I'm in English class, I don't know most of the people. And, I don't know most of the people then what if I say wrong. Then those make me more than fearful* (P7, FG3).

Given the difficulty with speaking English and feeling as if they did not belong to their new country of residence, the participants were asked what would help newcomer female youth feel better about themselves. Two participants noted that ESL classes were important. One participant, who was Russian and attended a school which did not have many students of her own background, suggested that students be separated from peers of the same language background, thus, encouraging them to speak English.

> *Right, ESL classes. Except that we should separate people, so that they speak English than their own language. It's better. Then you can learn faster. Surely* (P9, FG3).

However, as discussed in the subsequent section on relationships and friends, youth of the same language background were identified as an important source of support, especially on immediate arrival to Canada. In addition, the youth participants, who often spoke several other languages, felt pride in their multilingual ability. When sharing information about their cultural background, the participants relayed their ability to read in their mother tongue. The ability to speak their native language was a source of cultural pride and was perceived as their strength.

> *I speak Russian, Ukrainian, English and some French* (P9, FG2).

> *I speak Mandarin, Cantonese, English and Fukienese* (P10, FG2).

> *We speak more languages than other people* (P8, FG2).

The newcomer female youth's belief that they were not proficient in English was a major concern. Given that newcomer youth speak one or more languages other than English, they can benefit from a context that focusses on their multilingual abilities and does not singularly focus on their limited English ability, thus, promoting their confidence.

Relationships

As described in the section on self-esteem, and in response to the questionnaire, relationships were a source of self-esteem promotion and, at times, posed challenges. The sense of connection with others contributed to a positive sense of self as observed in the following quote from a participant.

I am the one who can make other people happy (P8, FG2).

In focus group discussions, relationships with parents and with friends also emerged as important influences on the lives of newcomer female youth.

Parents

The youth participants recognized effective communication with parents as a source of support. One participant reported on improved communication patterns with her father. She found the ability to be open with her parent a positive influence and valued her father's advice.

And because I live with my dad for a long time, so, for him, I'm just like a, he's like my friend, I can talk to him anything, so I don't care. My friends, they tell me that don't tell your parents everything, like you go out with a boy, or anything, something else, you can't talk to your parents about those 'cause they always say something bad to you, but for my dad he knows everything about me. 'Cause I think that they got more experience and they can help me, those things are better than teenagers, than my friend can give me. Maybe, sometimes I still talk to my friend first. I'm not afraid to talk to him, that's what (P2, FG4).

Another participant reaffirmed P2's point of view on valuing communication with parents and respecting their advice.

So I think that when I talk to my parents I feel good about myself (P1, FG4).

Even for the most newly arrived female in the group (P3 had been in Canada for close to a month when the youth focus groups were held), communication with her parents was an important element in her adjustment process. This was despite the fact that her parents were not in Canada.

I am, compared to other students I am very free here because, I don't have my, my parents can't control me. But, um, I think I can control myself quite very well. And, I, um, even though I here and, my, even though my parents are so far from me, but I still need their, need their support and their encouragement. And so, um, I call, I call back home every week and after talking to my parents I always feel better, 'cause, um, um, because this is just the first month I came here (P3, FG4).

The youth participants also talked about challenges to effective communication with their parents. Conflict with parents often arose from cross-generational differences, and in relation to cultural clashes between the cultural norms and expectations of their country of origin and those of mainstream Canadian culture.

> *I think the teenagers...like us very young and we come here, but our parents are old, like not old but they grew up in their culture for many years they can't really change. But when we come here we are affected by the culture here, but they didn't affect as much as us so sometimes there is conflict between us.... They don't change at all* (P2, FG1).

Issues pertaining to cultural differences between the country of origin and the new country also emerged in parent interviews. PA3 believed parents must call on their own cultural values and attempt to explain these to their children. For example, as was explained in one case when her daughter posed many questions about dress, PA3 discussed the issue with her daughter.

> *And so I have to bring, I have to raise up my cultural values and the culture, those cultures that we came through.... I have to do a lot of work in discussing all those issues* (PA3, PI2).

When describing her involvement in parent workshops in Vancouver, PA3 observed that parents must be willing to improve their parenting skills and, while maintaining their own cultural values, they must also realize that they are raising their children in a new environment. They must, therefore, acknowledge some of the stronger values of both cultures, the old and the new.

> *I cannot raise my children the way I've been raised back home because I'm in a totally different environment. That's what parents should understand* (PA3, PI2).

Changing parental attitudes was recognized by a youth participant, P2, who referred to the source of cross-generational conflict (i.e., dating) and to her parents' changing attitudes toward it.

> *Because they think that when you're dating, you can't go to school, like you can't do well in school, your not going to focus on school. So they won't let you, like, too young to be, to date, they think. So, when I like, I was, when I was young, and I was dating and they knew it, but they were, they didn't allow me to do it. But after a few years ago when I grew older they were just accept it, 'cause they think I'm old enough to handle it, and I'm doing, I'm doing well in school so they just, ya, they didn't have a problem with it* (P2, FG4).

Dating norms in North American culture can conflict with immigrant parents' original cultural norms and values. It is interesting to note that in the preceding case this arose from the parents' concern that dating would influence school performance. Among some ethnocultural groups, female adolescents can face stricter dating freedom compared to their male siblings or peers. This can be a source of persistent conflict between female youth and their families, as the female youth straddle the cultural expectations of their parents and community with those of mainstream Canadian culture. In other cases, despite having lived in a North American culture for years, and being exposed to its embedded attitudes toward dating, immigrant youth or children of immigrants can freely embrace the cultural values of their parents' original culture. Thus, youth can choose various pathways to ascertain their identity. At times, these can be closer to the prevailing mainstream cultural values; at other times, they can be closer to the cultural values of the country of origin. Caution, therefore, must be taken to avoid stereotyping which arises from applying mainstream North American cultural values, with embedded assumptions of what entails normal adolescent development, to youth from diverse backgrounds.

Friends
Relationships with friends comprised another important source of influence on the newcomer female youth. Discussions took place in connection with the continuation of friendships, making friends with youth from similar cultural and migration backgrounds and the lack of Canadian friends. The lack of friendships with Canadian-born students overlapped with the issue of language barrier. Fluency level in English was seen as affecting the ability to make connections with Canadian peers.

> *Ya, because we are still ESL students, sometimes we can't speak English very well, and then, maybe Canadian born or those English speakers don't really talk to us, sometimes, but they do but not much* (P2, FG1).

School-organized outings, such as field trips, were identified as fora through which mutual learning can take place, leading to connections and friendships. Such outings can consist of newcomer youth, allowing students to share similar experiences, or they can include both Canadian-born and newcomer youth, providing opportunities for friendships between the youth.

Friends from the same background were recognized as an important source of help in the new country of residence, especially during the initial period when faced with language barriers. Development of friendships contributed to feeling more comfortable. A student, who had arrived recently in Canada, observed that the presence of students who spoke her first language within the school was helpful for her.

> *Actually, I don't have much experience because I come here just now. Yes, actually, the first day I come here I was very nervous, and didn't know anything. But fortunately, in this school there are many, many people that speak Mandarin, so, um, they really help me* (P3, FG1).

Thus, the presence of students/friends of the same background at one's school can positively impact the self-esteem of newcomer female youth. Because they speak the same language and can hold a two-way conversation, the newly arrived youth have someone to turn to for help. They feel less isolated. School-based student groups can provide links among newly arrived students with students who are more fluent in English or who are Canadian born, facilitating the exchange of knowledge and fostering new friendships.

Systems Issues

The notion of difference emerged across many areas of discussion and as addressed in previous sections on self-concept, language and relationships. Within the context of systems issues, the experience of difference was connected to cultural differences and to feeling different within the school context. The newcomer female youth participants addressed the experience of being different from Canadian-born peers in their way of thinking, their values, customs and overall cultural beliefs which, beyond language barriers, could be a challenge to establishing friendships with Canadian-born students.

> *It's like there's a difference between thinking. Like in Korean, in Korea, they think like students mostly have to respect their teachers and stuff like that, we cannot just (P1, FG1).*

> *I don't think this is a bad or good, 'cause it's just different culture, 'cause in China or Korea or Japanese or Japan, they respect older people and teachers, but here, everyone has same right, they all go for their right, so you can just sit here and talk to your teacher and you don't have to stand up and still respect them (P2, FG1).*

Some participants felt that in being perceived as different, they were also looked down upon which created a barrier to making connections with the Canadian-born individuals.

> *Like they never talk, Canadian people never talk to us actually (P9, FG2).*

The parents were aware of the discriminatory attitudes toward immigrants and encouraged their children to work harder and succeed despite such attitudes.

> *Okay, my mom told me once that like, we are immigrants here and we are from the third world, like, sort of, so we have to do, like, do much more work than the Canadian-born or White people, than they do. We're gonna prove ourselves to them, that, like, we can do better than them, so we have to work much harder, and, um, maybe, like most of people they want to doctor, lawyer, they'll find like, the good job (P2, FG4).*

In addition to believing that they had to succeed, the youth dealt with racism by recognizing that, fundamentally, there are no differences between people.

> *And you also need to trust ourself, like, that we can do it, like, we are, we are, we are the same people as like the others and we can do what, what they doing, like there's no difference between the Black, White and Yellow (P1, FG4).*

However, discriminatory attitudes and racial prejudice have psychological tolls. P2, noted that such attitudes made her feel sad.

> *I'll be sad for a little* (P2, FG4).

Friends played a supportive role for her.

> *Usually, I care when he just did it and then after maybe a few hours I'll forget. 'Cause friends around me they are comforting me, so, 'cause they are telling me stories like, to make forget about it* (P2, FG4).

Along with the problem of making friends and being accepted, cultural difference was addressed by one mother as an issue faced by her daughter on arriving to Canada.

> *The main issue was the cultural difference and the way children dress up, the way children act, the way children, what they eat* (PA3, PI2).

As a parent, PA3 was aware of the influence of context (including other youth and the school environment) on her daughter's experience of difference.

> *She feels different because in certain occasion children make her feel different. You know, her hair is different of course, her colour is different than other children, and she had an accent, but she doesn't have the accent now, ya, but she had an accent. And you know, and always being asked where do you come from* (PA3, PI2)?

Recognition of systems issues in relation to mental health promotion among female youth often arose in discussions held with parents and other adults. In discussing barriers faced by their daughters on their initial arrival in Canada, specifically the difficulty they faced making friends, one parent referred to class difference. PA1's daughter had found it difficult to maintain friendships with peers in the first school she attended, following immigration to Canada, because of class differences. PA1 and her family subsequently relocated to another part of Toronto with fewer ethnocultural and class differences.

The issue of class difference, therefore, must be recognized among the barriers for some newcomers as they adjust to life in Canada. The difference can be a result of underemployment of newcomer parents and family members whose educational and professional qualifications are not recognized. When speaking of the difficulty parents face on arriving in Canada and in circumstances where their professional credentials are not recognized and they must settle for any job, a settlement worker observed that the situation takes a toll on the children as well.

> *Because, I mean if you, you think if kids come with parents who are doctors and nurses and they come here. Parents have to end up in factory, they're frustrated, that frustration is passed on to the children as well* (S2, Meeting with SEPT workers).

Unlike their younger siblings, newcomer female youth are at an age when they have more awareness of family settlement barriers. In addition to their own issues and concerns, they are affected by their parents' struggles.

> *So for me, that also is very important for the student, because now, it's just the mom and the daughter, and the daughter is worrying all the time about the mother. Mom is home, can't find work, this that, the other. So she doesn't only have the burden of adjusting and settling into school and making new friends and everything like that, she's carrying all the mother's burdens, at the same time* (S2, Meeting with SEPT workers).

Thus, the self-esteem development of newcomer female youth has to be considered in the context of the family situation and the barriers the family unit faces as it settles in Canada. Comprehensive services must consider the entire family unit, extending beyond the traditional educational goals of the school system, and providing a wide range of support services to families of newcomer immigrant and refugee youth.

School curriculum was among systems issues discussed as well as the culturally bound knowledge (i.e., North American values) that was entailed. During one parent interview, the role of the school system in addressing the needs of newcomers was addressed. One parent suggested a need for curriculum that recognized and fostered multicultural acceptance (PA1). Another parent spoke about her own experience in the Canadian education system at the college level, raising important points regarding the cultural sensitivity of curriculum content and teaching objectives. She compared her experiences in two very different programs. One program welcomed and attempted to address issues of diversity, anti-racism and community development. The other presented knowledge that was culturally bound to North American values.

> *Maintaining the system the way it is* (PA2).

Therefore, as the demographic characteristics of Canada and its youth population continue to change, educational curricula are needed that are inclusive and address multicultural, multi-class, anti-oppression and anti-racist values.

When the researcher raised the issue of having role models, such as teachers in the school, a parent agreed on the importance of having role models from various cultural groups across systems, including school and health systems. Due to their cultural knowledge, she spoke about the value that could be added to the health system if multicultural workers were present because:

> *The way we explain something and, the way the nurse explains, have a different way of approach* (PA1).

She referred to the important role that social support services, such as settlement services, can play in the lives of newcomers. Speaking of a young female who came on her own to

Toronto, PA1 spoke about how she was helped when faced with circumstances that could have ultimately and gravely affected her physical and mental well-being.

> *I have seen one clear picture, she had adaptation problem, she could not eat, she could not sleep...Yes, very young, 23.... Came alone, the first time to leave her house.... And she almost completely lost her mind. But with all the support that we gave her and some friends that she knew here, really, ya helped her to get out of the [house]* (PA1, PI1).

During this discussion, the need for cultural sensitivity, specifically in the health system, was addressed by PA1.

> *Even in mental health, sometimes I do escort my clients to a hospital of...and they are not mental health clients but they do have problems. And you know, maybe they're very quiet by nature and so on. And then the questions, um, do you, can you see any vision? Do you feel like throwing yourself.... No, no, no, no. Some of the questions that you know. And sometimes they really, the doctor or the nurse they couldn't.... He looks like the way he act because of the, from the cut from the social, from the support, the social support group that he has earlier, because of that sometimes his character is changed, but he doesn't have the sign or symptom of mental health* (PA1, PI1).

In this example what originated from the lack of social support in the new country of settlement was misinterpreted by the health care system as mental illness. In addition, mental health problems can originate from system inefficiencies and not necessarily from individual weaknesses. Cultural sensitivity is a necessary part of effective and accountable health care and social service delivery systems. Health and social services professionals require training that sensitizes them to the unique circumstances of different immigrant and refugee populations.

In addition to specific systems issues, such as those related to the education, health, social and settlement services systems, attitudes prevailing at the societal level in the host country toward immigrant and refugee populations can affect one's sense of well-being, specifically one's self-esteem in the new country. A parent spoke of her experiences as an immigrant in Greece, which she found accepting of her difference (in terms of visible minority status) and a country that looked on her immigrant status as an asset, something to be valued.

> *I think my attitude would have been different if came straight from "_____"
> to Canada. I'm sure my, you know, my mind structure would be a lot
> different. But I went from "_____" to Greece, when I was younger and you
> know the treatment I received was, you know, I'm unique, and you know,
> something that they protect and that they are curious, so that really make me
> to be who I am. Because being me was like, you know, something different, so
> I liked it being me* (PA2, PI1).

Another parent observed that the system itself had allowed for the creation of a positive sense of self for the newcomer in the new country.

> *The system has built her self-esteem, you know, to be what she is…. The system really plays a very big role* (PA1, PI1).

Emerging Issues from Study Findings

Each year, many new immigrants arrive in Canada, a large number of whom are youth between the ages of 15 and 24. The period of adolescence has been long recognized as a critical time in human development. For youth who are newcomers, this is a period when they must confront similar experiences as those faced by their Canadian-born adolescent counterparts (e.g., physical growth, preoccupation with appearance) as well as the unique challenges posed by the settlement, adaptation and integration process (e.g., lack of fluency in English). As a result, there is a growing consensus among researchers regarding the need to document the unique needs of, and the services required for, this immigrant sub-group to assist service providers and policy makers in decisions related to effective strategies and policies (Kilbride et al. 2000).

The findings of this study indicate the necessity for considering the important role of gender in the settlement experiences of youth who are newcomers to Canada. The female youth participating in the study recognized that, while newcomer male youth face similar issues, based on their new immigrant status (e.g., making friends, language barriers), there are differences in experiences on the basis of gender. For example, males were perceived to have more self-confidence, were thought to be stronger and to experience different family expectations based on gender roles.

In the area of youth development, the findings support existing research (for e.g., Anisef and Kilbride 2000; Kilbride et al. 2000; CCSD 2001) documenting the major issues faced by newcomer youth (e.g., identity development, language, relationships). For example, female youth participants spoke of a lack of sense of belonging to Canadian culture due to language barriers and the loss of old friendships, or lack of new friendships with Canadian youth. Language barriers were identified by the female youth as significantly affecting various aspects of their lives (e.g., school outcomes, their ability to establish friendships with Canadian-born youth). Relationships with parents and friends served as a promoting influence (e.g., positive communications with parents helped females feel good about themselves, and having friends contributed to a positive sense of self) or a challenging influence (e.g., the lack of friends, cross-generational differences and cultural clashes with parents) to their self-esteem.

An important finding was related to the newcomer female youth adopting coping strategies that, in the long run, may negatively affect their self-concept and self-esteem. These included the practice of anglicizing their names, despite feeling better about themselves when addressed by their ethnic name, or silencing of the self (where one chooses to remain quiet, pretending not to exist, in order to avoid speaking English). The coping strategies were responses to the sense of difference which permeated their experiences as newcomer youth and resulted, in part, from an experienced and perceived sense of prejudicial attitudes toward youth who are the "different other." As identified in other research (Kilbride et al. 2000), discrimination and cultural differences impede integration and adaptation into Canada. This view was supported by female youth reporting feeling different in Canada on both personal (e.g., language issues, relationship issues) and systemic levels (e.g., cultural differences related to customs, values and beliefs). Discriminatory and racist attitudes were experienced as barriers to integration into the mainstream culture as well as affecting the self-esteem of newcomer female youth. Thus, attitudes prevailing at the societal level in the host country toward immigrants and refugee populations can impact one's sense of well-being and lead to a psychological toll for youth exposed to them.

Mothers of female immigrant youth reported being aware of the discriminatory and racist attitudes toward newcomers and the difficulties experienced by their children because of their "difference." In addition, newcomer female youth become increasingly cognizant of the settlement barriers their family faces in Canada (e.g., underemployment of parents due to educational and professional qualifications not being recognized). Beyond personal concerns, family settlement barriers also affect female youth, suggesting that the self-esteem development of newcomer female youth must be considered within the context of the family situation.

The newcomer female youth participating in the study possessed a dynamic self. Like other youth, they had aspects of self-concept that went beyond labels, such as "immigrant," "ESL student," "teenager." They negotiated an identity that was linked both to their new country of residence and its prevailing cultural norms, and to their original cultural heritage. In negotiating their unique cultural identities, the newcomer female youth varied in their integration into Canadian culture. This reinforces the argument that newcomer female youth are a diverse group with similarities in their experiences as they adapt to their new life in Canada, as well as differences in their interests, resources, circumstances and self-perceptions. Finally, despite the post-migration challenges they faced, the newcomer female youth participants in the study demonstrated a positive outlook on their future and had educational and career aspirations linked with the prospect of a better future.

Youth Participation

As described in Chapter 4, the project was influenced by a PAR approach. In addition to the participatory features described in Chapter 4 and through various stages of the research process, the study concluded with an action component. As presented in Table 3, a field trip was taken to a bookstore in February 2001. The suggestion to be acknowledged for participation in the study through a selection of books, instead of financial reimbursement, came from the youth participants' ESL head teacher and was supported by the youth.

The principal investigator met the students and ESL head teacher at a local bookstore one afternoon. The youth selected books of interest, which they would be reading in conjunction with their ESL class activities. This was an occasion for the ESL male students to feel included. Earlier on, while the female focus groups were being organized and conducted, ESL male students had felt curious about what their female peers were involved in and possibly felt excluded from the process. During the bookstore activity, the youth seemed interested and happy to be there. Boys and girls formed into dyads or triads of same-sex groups as they searched for books of interest.

The participatory features of the study enhanced the establishment of connections and the exchange of knowledge. For example, after parent interviewees expressed interest in previous research conducted by the principal investigator, a related research publication was sent to these participants. As well, during one youth focus group session, a participant asked the facilitators about differences between university and high school and the grades required to be admitted into university. The co-facilitator, a graduate student during the time of the study, described her experiences and reflections on the differences between the two levels of learning. Another example is the ongoing communication between one of the SEPT workers with the principal investigator, both of whom have an interest in newcomer female youth issues.

During the second focus group session with each group of female participants, the youth were asked to provide written feedback on their experience of participating in the research project. Appendix C contains the one-page evaluation form distributed to the youth. A similar evaluation form was used in the earlier study of East Indian-Canadian female adolescents (Khanlou and Hajdukowski-Ahmed 1997), which also was influenced by a PAR approach. The responses to each evaluation question are summarized below.

1. What are some of the things you have learned about yourself through these focus groups?
Many respondents indicated that participation in the focus groups led to a greater understanding and learning about themselves and others.

> *We could know other people's opinion, could find my strength, could find my fear, know more about myself, career planning* (P8, FG3).

Some youth alluded to aspects related to self-respect while for others participation also had practical outcomes, such as talking with one's parents or speaking English throughout the meetings.

> *I learned to communicate with others, to talk more in English, how to make decision* (P5, FG4).

> *Is good to talk with your parents because they have better experience than us* (P6, FG4).

2. How will you use that knowledge?
Most of the youth indicated that the knowledge gained through participating in the focus groups influenced their communication skills with friends, family and others. In turn, this knowledge would be used to enhance their relationships as well as face future situations.

> *I will try to communicate more with other people so it could improve my social groups* (P4, FG4).

3. How useful have these focus groups been in contributing toward your self-esteem?
Participation in the focus groups may have enhanced some participants' self-esteem by allowing them to recognize their own resources and strengths in confronting their issues as adolescents in a new country.

> *Get others' experience or advice and then I'll have more knowledge to face problems* (P3, FG4).

> *That we are immigrant people so we are weak that is not true. We have to feel proud of our selves. We could feel better our selves* (P8, FG3).

It must be noted that half the respondents had not provided a response to this item and one had "no idea." The number of blanks in response to the item may indicate the question was not clear for some of the youth.

4. What are some of the things that you <u>liked</u> and <u>did not like</u> about these focus groups?
The overall feedback regarding the focus groups was positive. The participants' responses indicate that knowledge and a sense of empowerment can be gained when youth are provided with a forum in which their voices are heard and acknowledged, not merely by adults but also by their peers.

> *Nothing that I don't like about these focus groups. I think that was okay. It help me with lots of stuff that I feel shy to say* (P5, FG4).

> *When we talking about racial discrimination, I don't like some people treat people differently* (P6, FG4).

> *I liked it because it helped me to plan my career and could know more about other people's opinion. We could find out what is my strongest point* (P8, FG3).

The participants' replies to the last item of the evaluation form indicate they felt this was a positive experience for them, one which entailed learning from others. It is of note that, in response to all four items, at least one reply was related to, either directly or indirectly, discrimination and racism. This observation reinforces the notion that a written evaluation at the end of the research process provides some participants with the opportunity to voice ideas they may otherwise not have expressed verbally in the presence of their peers. A written evaluation also provides the researchers with an understanding of whether the research process was of any benefit to the participants and how future studies can be improved.

6. POLICY IMPLICATIONS AND RECOMMENDATIONS

The statistics on immigration rates to Canada highlight the considerable size of its immigrant population, a large number of whom are youth, thus pointing to the potential significance of benefiting from research on the mental well-being of migrant populations. What is known to date about the use of mental health services by migrant populations points to the necessity for research which informs policies and strategies that better meet this segment of Canada's population. For example, migrant groups tend to use fewer mental health services (Beiser et al. 1993) and rely more on service agencies and organizations outside the formal mental health system for their emotional problems (Beiser 1988). Less is known about the barriers faced by newcomer female youth and the best strategies and services that promote their self-esteem, a crucial aspect of their mental health.

The school setting is where most newcomer youth come into contact with their peers, educators and new experiences as they enter Canadian society. It is a setting with the potential to foster the self-esteem of young women from diverse backgrounds and to prepare them for making important decisions related to their post-secondary education and career choices. To work toward this objective, multi-sectoral strategies and policies are required as "the education, health and mental health services needs of immigrants and refugees are too complex to be addressed by one profession or by one system at a time" (Cole 1998: 46).

The recommendations emerging from this study's findings address various decision-making levels. As no policy is value free or derived solely from empirical findings, explication of the values underlying policies and the principles guiding such initiatives becomes a necessary part of mental health promotion initiatives directed at newcomer female youth.

Values and Principles

The following principles and their underlying values can guide policy initiatives and mental health promotion strategies directed at newcomer female youth. These principles and values are not all-inclusive. Rather, policy makers, health promoters, educators and other individuals, groups or organizations working with newcomer female youth can add their own principles. What is called for here is that in each case value clarification becomes a necessary step in the process from research to policy implementation.

Principle 1: Newcomer female youth should be involved in all phases of mental health promotion initiatives directed at them. This includes involvement in research projects (e.g., through research designs that are participatory) and voicing their opinions on the relevance of suggested initiatives (e.g., through support of their active role on policy making and program development committees and activities). Flexibility in approach will facilitate youth participation. (*Underlying value*: Youth participation in mental health promotion initiatives is necessary, valuable and attainable.)

Principle 2: Mental health promotion policies and strategies for newcomer female youth must be context specific. In addition to youths' developmental stage, the intersection between their gender, migrant and visible minority status, and social resources necessitates non-universal approaches to mental health promotion in Canada's multicultural settings. (*Underlying value*: The universality of knowledge derived from studying mainstream youth and the relevance of resultant strategies to newcomer female youth cannot be assumed. Caution must be exercised to avoid stereotyping that can arise from applying mainstream North American cultural values and embedded assumptions of normal adolescent development to youth of diverse backgrounds. The value attributed to one's gender and one's place in Canadian society, in terms of prevailing attitudes toward immigrants or refugees, racialized minorities, ethnocultural groups and differing social classes, has a powerful influence on promoting or challenging youths' mental health.)

Principle 3: Mental health promotion strategies for newcomer female youth must be comprehensive (e.g., include the family) and intersectoral across systems (such as education, health and social services, and immigrant resettlement services). (*Underlying value*: The development of newcomer female youth is affected by multiple influences; therefore, isolated and non-sustainable approaches are not effective on a long-term basis.)

Recommendations

The recommendations for mental health promotion policies and strategies for newcomer female youth are grouped under those applying to the education system, health and social services systems, resettlement services and those that apply across systems.

Education System
Many of the issues emerging in this study were linked to the education sector. This is because a substantial portion of the data were collected in school settings and because the education system remains the greatest point of contact for youth who are newcomers. At present, the Toronto District School Board considers itself the most multilingual and multicultural school board in the world; over 50% of its students arrive in Toronto as learners of English (TDSB 2001b). Research suggests the educational sector is key to enabling youth who are newcomers to integrate successfully into Canadian culture (Kilbride et al. 2000; Anisef and Kilbride 2000). The following recommendations inform educational policy and suggest mental health promotion strategies for the growing number of newcomer female youth in Canada's multicultural schools.

Recommendation 1: Support and improve English as a second language programs throughout the education system. Expand ESL programs in schools that have a high proportion of newcomer youth.
The female youth participants identified language issues as significantly affecting several aspects of their lives, notably their educational outcomes and their ability to establish friendships with Canadian-born youth. When newcomer female youth were asked to indicate how they felt about themselves over the course of the last week, school-related concerns, the majority of which were in connection with academic success in English or other subject areas, emerged first among the self-esteem challenging issues (e.g., "got bad mark in

English"). School experiences related to academic success emerged second among self-esteem promoting influences (e.g., "got good mark on music and math").

In English-speaking provinces where English is the mainstream language and a requirement for success in educational and career goals, for making friends and for feeling a sense of belonging to their new country, the ability to speak English well has a powerful influence on newcomer youth. Among the newcomer female youth participating in this study, ESL classes were identified as an important tool for the development of English skills as well as for making connections with Canadian-born peers. The TDSB offers a variety of programs and services to support these students, including ESL programs designed by levels of proficiency in English and not by grade level (TDSB 2001b). However, Anisef and Kilbride (2000) made reference to the fact that on completion of language classes (the most prevalent of services provided by school boards to immigrant youth), students often acquire a superficial level of oral fluency that is not sufficient to allow them to meet the academic, social and emotional skills needed for successful integration. Assessment and placement into these programs is also an issue. Given the key role ESL programs can play in developing the self-esteem of newcomer female youth, mechanisms for ongoing monitoring of the quality of the programs and placement into them should be considered by school boards and schools.

Recommendation 2: Encourage schools to foster multilingual and multicultural environments.

Given that newcomer youth speak one or more languages other than English, they can benefit from a context that focusses on their multilingual capabilities and does not singularly focus on their limited English ability. All female youth participants in this study identified speaking a language other than English at home. Newcomer female youth face various challenges during the post-migration period which affect their self-esteem (e.g., learning English, facing racism and discrimination). Research with ethnic minority children suggests disjunctures between home and school values may jeopardize self-esteem, and restoration of a secure ethnic identity may enhance compromised self-concepts (Beiser et al.1999). By encouraging maintenance and respect for one's language and culture, and respect for diversity within the school system (i.e., by teachers and fellow peers), as suggested by these authors, personal resiliency can be fostered, improving the likelihood of healthy development and integration.

In conjunction with supporting and expanding ESL programs, within the education system attention must also be given to assisting newcomer students in maintaining their cultural heritage and fostering their sense of cultural identity. For example, through cross-cultural events and initiatives at school, the youth can learn about each other's cultural heritage and multilingual abilities. Access to heritage language classes can also be beneficial.

Recommendation 3: Promote inclusive educational curricula encompassing multicultural, anti-sexist and anti-racist values.

As the demographic characteristics of Canada and its youth population continue to change, educational curricula need to highlight inclusiveness and address multicultural, anti-sexist and anti-racist values. Beyond ESL classes to help learn English, issues related to educational curriculum also emerged in this study. Mothers of immigrant female youth referred to embedded assumptions and culturally bound knowledge of school curriculum.

The Media Awareness Network conducted a study, with funding from the Canadian Race Relations Foundation, in 1998. It found that although most ministries of education included broad support for anti-racism education, multicultural education and media education, professional development and teaching resources to support the new learning outcomes were inadequate. Individual teachers were left to decide the extent to which these topics are covered in the classroom (Media Awareness Network 2001). The Media Awareness Network's analysis of anti-racism educational curriculum across Canada consisted of a review and analysis of the curriculum documents from grades 1 to 8 that were implemented in the fall of 1998. At the time of the study, information on curricula from grades 9 to 12 was not available because these documents were being revised. Acknowledging that Ontario was an early leader in multicultural and anti-racist education in the 1980s and early 1990s, the report by the Media Awareness Network suggests this early activity has been dealt a blow by curriculum reform (e.g., the Anti-Racism and Ethno-Cultural Equity Branch was disbanded). A review of the curriculum documents from grades 1 to 8 indicated that there were only eight references to Canada's multicultural fabric for curriculum in arts, health and physical education, and language.

The Toronto District School Board is following the document, *Equity Foundation Statement and Commitments to Equity Policy Implemention* (TDSB 2001a), which includes anti-racism and ethnocultural equity statements said to be reflected in all aspects of organizational structures, policies, guidelines, procedures, classroom practices, day-to-day operations and communication practices. An equity department is also in place working with schools and the system as a whole to implement the Toronto board's policy programs on equity issues. (It provides curriculum resources for teachers, workshops for teachers and community members on equity issues.) However, as reported in the Canadian Race Relations Foundation (2000) document *Racism in our Schools*: *What to know about it; how to fight it*, as the diversity of Canadian student populations increases, there is a need for true understanding of anti-racism issues, since racism continues to prevail in the education system, as it does in other Canadian institutions.

As stated by Anisef and Kilbride (2000), students who are immigrants should find themselves in what they are taught (multicultural curriculum). As well, curriculum content should address women's issues, thus contributing to anti-sexist initiatives. In addition, by addressing issues of justice and equality for all Canadians, school curricula can raise youth awareness of inclusiveness (i.e., gender, race, class). In this manner, the mental health and self-esteem of youth can be fostered in Canadian schools.

Recommendation 4: Increase the presence of teachers, principals and vice-principals from diverse ethnocultural and ethnoracial backgrounds in multicultural schools.
As newcomer youth experience the transition to their new country of residence, the presence of adult role models from diverse backgrounds can contribute to a welcoming school environment. In this study, a SEPT counsellor working with newcomer students within the

school system expressed concern regarding the lack of visible minority teachers and other school staff in the schools, a reality which may hinder youth integration into Canadian society. According to the Canadian Race Relations Foundation (2000), none of the 47 superintendents in Toronto's new amalgamated school board and less than 2% of board executives are visible minorities. Thus, if schools are to enhance the mental health of newcomer female youth and youth who are visible minorities, they must recognize the important role inclusive policies, especially policies reflected in everyday practices and strategies, such as hiring and curriculum development, can play in the lives of youth.

Recommendation 5: Support extra-curricular activities and school-based student groups in secondary schools.

Students have acknowledged the key role extra-curricular activities play in providing quality education (TDSB 2001c). The newcomer female youth participants in this study referred to the importance of extra-curricular activities and school-based student groups as they attended school and settled into their new country of residence. They found that while it was easier to form friendships with other newcomer youth, especially from one's own cultural background, it was difficult to establish friendships with Canadian-born youth, including those from one's own cultural background. School-based extra-curricular activities must be supported as they provide links for newly arrived students with students who are more fluent in English or who are Canadian born, facilitating the exchange of knowledge and fostering new friendships. They also expose newcomer youth to various facets of Canada and the Canadian way of life, facilitating their sense of fitting in, in their new country of residence.

Recommendation 6: Actively seek the participation of immigrant families in the workings of their daughters' school system.

Increased involvement of newcomer parents and immigrant families in educational institutions to which their daughters are connected must be facilitated. Anisef and Kilbride (2000) suggested that schools must make a genuine effort to welcome and link parents with the work of the school, especially with what their children are doing in school, to facilitate both children and parents' integration into Canadian culture. In this study, interviews conducted with mothers of immigrant female youth revealed they were aware of the challenges faced by their daughters during the post-migration period. Female youth participants also discussed both the positive and negative effect that parental relationships can have on their self-esteem. Involvement of immigrant families in the school system can empower them to be contributors to the educational environment of their daughters and lead to an improved understanding of cross-generational and cross-cultural differences.

Health and Social Services Systems

Newcomer female youth are a unique immigrant sub-group whose healthy development requires the availability of supportive systems that are sensitive to the intersection between their gender, life stage and post-migration experiences. The health and social services systems are among the sectors that play an important role in contributing to the mental health promotion of youth. Emerging issues from this study that have policy implications for the health and social services systems are addressed in the following recommendations.

Recommendation 7: Educate health and social services professionals working with newcomer female youth in cultural sensitivity.

In multicultural settings, cultural sensitivity is a necessary part of effective and accountable health care and social services delivery. Health and social services professionals require training that exposes them to the unique circumstances of different immigrant and refugee populations. Cultural insensitivity, and the consequences of cultural misunderstanding, emerged in the interviews with mothers. One informant, who was a health care professional before immigrating to Canada, relayed her experience of accompanying a young person from her own ethnocultural background to a hospital. Due to a lack of knowledge of cultural variations and needs of newcomers, misinterpretations were made by health professionals about the client's mental health status. This interviewee attributed the changes in the client's mental health to a loss of social support, an experience particularly faced by newcomers who arrive in Canada alone without any accompanying family members. In addition, the lack of knowledge of personal and cultural norms for social behaviour (e.g., may be quiet and doesn't ask very many questions within the health care interaction context) may lead professionals to assume mental health problems. Thus, signs and symptoms resulting from stress associated with a lack of social support in the new country of settlement may be misinterpreted by professionals as mental illness originating from biological causes. In this context, mental health problems may reflect responses to post-migration system deficiencies and not necessarily be manifestations of individual weaknesses or psychopathology. Health and social services professionals coming in contact with newcomer youth must be sensitive to the complexity of such issues and their intersection with gender roles.

Recommendation 8: Across the health system, provide appropriate mental health promotion initiatives for newcomer female youth.

The health system is recognized here as encompassing more than health care services. It includes primary health care and community-based health promotion activities. Such initiatives must be free of charge and be offered, as feasible, in the first language of the newcomer youth receiving the services. Mental health promotion activities offered to newcomer female youth by the health system must consider the issues specific to these youth. For example, in this study, as newcomers, the female youth faced particular challenges pertaining to adaptation and integration into Canada (e.g., language barriers, intergenerational conflict, establishing friendships). This was in addition to facing similar societal pressures as their Canadian-born female peers (e.g., pre-occupation with self-appearance) and to experiencing distinct roles and responsibilities compared to their newcomer male peers (e.g., household duties linked to traditional notions of gender roles). Given the complexity of experiences faced by newcomer female youth, innovative approaches are needed to best support and promote their mental health. For example, in their synthesis of recommendations found across sources, Anisef and Kilbride (2000) reported the need for youth-oriented health services to be located in schools and local community centres in order to deliver health programs to the immigrant youth population as well as disseminate information specifically for youth.

The Women's Health in Women's Hands Community Health Centre in Toronto is an example of a community-based health centre that focusses on women's health. Its mandate is to provide "community and clinical health promotion support from an inclusive feminist, pro-choice, anti-

54

racist, anti-oppression and multilingual participatory framework" (Women's Health In Women's Hands 2000: 6). Immigrant and refugee women, women with disabilities, girls, young and older women comprise their priority population, among which "the centre prioritizes low income women of colour."

Recommendation 9: Focus on the strengths of newcomer female youth as well as their challenges. Foster youth participation in decision-making fora related to health and social services planning.
Mental health promotion initiatives in the health and social services sectors must consider the strengths and challenges of newcomer female youth as they settle into their new country of residence. The female participants in this study had strong academic aspirations and a positive outlook on their future education and career goals. Thus, while experiencing post-migration challenges as they settled into Canada, they were highly motivated to attain success.

One way to recognize the strength and potential of Canada's youth is to foster youth participation in decision-making fora related to the planning and delivery of programs geared to youth mental health promotion. With the funding of the federal government, Health Canada has established five Centres of Excellence geared at understanding and responding to the physical and mental health needs of children, and the factors associated with healthy child development (Health Canada 2001a). The Centre of Excellence for Youth Engagement is focussed on finding, describing and building models of effective strategies for meaningful youth participation as it pertains to issues of health (Health Canada 2001b). This centre can provide models of how youth participation initiatives can be achieved in the delivery of mental health promotion services for newcomer female youth. For instance, in striving to create opportunities for empowerment, TG Magazine/The Students Commission (TG/SC), an organization run by youth for youth across Canada, implements such initiatives as youth-driven conferences and creates learning resources and partnerships in youth, government, business and educational communities (Health Canada 2001c). Such an organization, which allows young people to put their ideas into action, could be equally beneficial for newcomer youth.

The McCreary Centre Society, a small non-profit organization concerned with the health of young people in British Columbia (McCreary Centre Society 2001a), offers another example. The Society's Youth Advisory Council (YAC) makes possible the centre's mission by including youth in the decision-making process. YAC (which participates in its own projects as well as other McCreary programs) provides youth with a forum to develop skills for effective participation as well as meaningful opportunities to make contributions in ensuring their health needs are addressed (McCreary Centre Society 2001b). To date, close to 1,000 youth and 200 adults have discussed and proposed solutions to priority youth issues through participation in Next Step workshops across British Columbia. Health and social services sectors can learn from such models in developing mental health promotion programs for newcomer youth. Through meaningful participation of youth in decision making, in addition to addressing the unique challenges of newcomer female youth, mental health promotion strategies can also foster their strengths.

Resettlement Services

For newcomer female youth, in addition to the education, health and social services systems, important supportive functions are provided by resettlement services.

Recommendation 10: Provide comprehensive resettlement services to the entire family unit of newcomer female youth.

Beyond the recognition that resettlement agencies require programs and services that specifically address the unique circumstances of newcomer female youth, findings from this study reveal their mental health must be considered within the context of the family. Unlike their younger siblings, adolescent youth are increasingly aware of the challenges and struggles faced by family members (e.g., underemployment of immigrant and refugee parents whose educational and professional qualifications are not recognized and the ensuing economic hardships during resettlement). At the same time, given their stage of development, a period of transition from childhood to adulthood in a North American context, adolescents can experience increasing communication barriers with their parents. For instance, female youth participants in this study identified effective communication with parents as both a promoting and challenging influence to self-esteem. As well, intergenerational conflict was cited as a challenging influence.

Kilbride et al., (2000) observed that youth who are newcomers view themselves in the context of their families and believe there should be programs that assist and support newcomer families during the integration process, both in the community at large and within their ethnic community. This could include family-centred programs such as family counselling to address intergenerational conflict. Support services are required for both newcomer youth and their families. For example, social services that allow newcomer parents to spend sufficient time with their daughters are needed to allow for communication and familial support in facing resettlement challenges during the post-migration period (e.g., supports that ensure adequate housing and provision of basic needs during initial stages of resettlement, adequate language and job training for parents). The issue of recognition of past education or job credentials was raised by the SEPT worker interviewed and the mothers. Current policies pertaining to the recognition of foreign education and work credentials need to be re-examined.

Immigration policies concerning family reunification also play an important role and must be supported. According to Citizenship and Immigration Canada (CIC 1999a), new directions for immigration which acknowledge the importance of reuniting families have been proposed. For example, CIC recommended an increase in the age limit from 19 years to 22 years for sponsoring a dependent child, "(i)n order to allow the reunification of more families and better reflect the realities of longer child dependency" (CIC 1999b). In sum, the healthy development of newcomer female youth must be considered in the context of the family situation and the barriers the family unit faces as it migrates and settles in Canada.

Recommendation 11: Provide specialized resettlement programs to newcomer female youth.

Specialized programs (e.g., educational and employment counselling programs, culturally sensitive life skills and recreational programs) can help foster the self-esteem of newcomer female youth. Culturally sensitive and youth-oriented resettlement services can contribute to ensuring the successful adaptation and integration of this immigrant sub-group. Anisef and Kilbride's (2000) study included a telephone survey with 145 agencies responsible for providing services to newcomers. The report indicated that 94% of these agencies had programs and services available to newcomer youth between the ages of 16 and 20. However, as a norm, the programs did not exclusively focus on youth or immigrant youth (where one fourth of agencies reported 5% and one fourth of agencies reported 20% of their newcomer clientele to be between the ages of 16 and 20). Programs and practices identified by Anisef and Kilbride as adequately meeting the needs of newcomer youth address issues of content (where the need for programs specifically geared toward newcomer youth was a dominant theme) and process (addressing the strength of youth involvement in the planning and delivery of such services). Suggestions for improving newcomer youth services also included recommendations for increased funding, more programs for newcomer youth, better interagency co-ordination, better access to services, and greater outreach and marketing to increase awareness of available services.

Recommendation 12: Provide sustained funding from all levels of government for resettlement services directed at newcomer female youth and their families.
Since 1996, various policy and legislative changes initiated by federal and provincial governments (i.e., cutbacks to social transfers, investment in the public/partnership/competitive marketplace) have redefined the manner in which settlement services are delivered in Ontario (Mwarigha 1997a). The 1996 resettlement renewal initiative of the federal government brought about both federal devolution (the withdrawal of federal responsibility for the provision of settlement services and subsequent responsibilities passed on to the provincial and municipal governments) and provincial devolution and amalgamation. (For example, the City of Toronto has had to assume significant new funding and management responsibilities with regards to social services for newcomers.) Evolution and amalgamation have also affected the funding of settlement services for new immigrants (Mwarigha 1997b).

In his report on the effects of cutbacks on immigrant service agencies, issues pertaining to program reductions or elimination, the threatened closure of social and health service agencies (immigrant-serving or otherwise), and staffing reductions emerged at the forefront (Richmond 1996). Acknowledging a peak in funding for immigrant service agencies in Ontario around 1994 ($70 million), Richmond noted that this level of funding made it possible to provide more specialized activities (e.g., family counselling or mental health services for particular ethnoracial communities, skills training for refugee women). However, cutbacks threatened the existence of many programs, with informants expressing views that settlement renewal would see many specialized services for immigrants and refugees, as well as smaller agencies, eliminated.

As recommended by service agencies (Richmond 1996), there is a need to develop stronger advocacy efforts in the area of settlement services, where the creation of umbrella organizations and coalitions could help develop recognition of immigrant service providers as a distinct sector of social services (as in the case of health and education). Advocacy efforts are particularly pressing in an overall climate of budget cutbacks to services and programs in large multicultural, immigrant-receiving cities such as Toronto. Toronto's youth cabinet recently reported that the councillors "are ignoring Toronto's 300,000 youth, and budget cuts to services and programming, including recreation centres and counselling, and escalating user fees are taking their toll" (Metro Today 2001: 1).

In a context where funding has remained an issue across various service systems throughout the past years (e.g., health, education), providing specialized and adequate mental health promotion services for newcomer female youth and their families requires the new commitment of funding from all levels of government.

Recommendation 13: Develop and support school-based settlement programs for newcomer female youth.
School-based settlement initiatives are integral in helping to foster positive mental health among newcomer female youth. Schools, as community institutions, should be able to offer support to both students and families that are newcomers (e.g., linking both students and parents with other community resources, providing information). For example, funded by Citizenship and Immigration Canada, the Settlement and Education Partnerships in Toronto (SEPT) program is a partnership between the TDSB and settlement agencies in Toronto. SEPT workers interviewed in this study were part of school-based programs and services that can be highly valuable to newcomer youth. The newcomer youth in the school had the advantage of turning to settlement workers within their school who were knowledgeable and provided important links to the community. Anisef and Kilbride's (2000) synthesis of recommendations for the education sector included a recognition of the key role school-based programs can play for youth who are newcomers, including such initiatives as counselling and support services, welcoming and reception centres, mentoring and peer tutoring programs to prevent isolation and dropping out, and assessment services to determine appropriate placement. Sustained funding and organizational support for school-based initiatives, such as the SEPT program, are needed to contribute to the mental health promotion of newcomer female youth in Canada's multicultural and immigrant-receiving settings.

Across Systems
There are many overlaps between the emerging issues and the recommendations identified in the preceding sections. This is expected since, in society, no system operates in isolation, and the healthy development of youth requires the co-ordination of programs across various sectors.

Recommendation 14: Develop and co-ordinate partnerships (including health, education, social and resettlement services) across systems.
To promote the mental health of newcomer female youth, co-ordinated initiatives across systems are needed. Partnerships need to be developed between mainstream institutions, ethnocultural community organizations and the school system. The SEPT program is an example of an across-systems initiative. The education sector and settlement agencies play a crucial role in bridging services in the initial years of settlement of youth and their families into Canadian society. As large cities in Canada are hosts to new immigrants each year, sustained funding by governments is required for across-system programs, to help promote

the successful resettlement of newcomer youth and foster their future contribution to Canadian society.

For example, the Hong Fook Mental Health Association's service delivery model in Metropolitan Toronto is dedicated to addressing the mental health needs of Chinese and Southeast Asian populations. The incorporated non-profit organization offers mental health services to individuals, groups and the community at large, while also providing professional development activities for mainstream professionals (Lo and Lee 1992). To improve the quality of care for Chinese and Southeast Asians, Lo and Lee noted how Hong Fook links, on a systems level, with various services and organizations, including hospitals, community mental health programs, boards of education, multicultural organizations and advocacy bodies. Joint projects are developed to better meet the needs of Chinese and Southeast Asians. For example, an innovative group program evolved out of the ESL class operated jointly with the TDSB that offers classes for psychiatrically impaired students that could not keep up with their regular ESL classes. Although this organization is not specifically concerned with newcomer youth, it serves as a useful model in establishing a framework for the across-systems initiatives required to address adequately the issue of mental health promotion among newcomer female youth.

Recommendation 15: Adopt culturally sensitive, anti-discriminatory policies and strategies in institutions that work with newcomer female youth and their families.
For the newcomer female youth participating in this study, their sense of being different from other Canadian youth, and the feeling that they were perceived as being different, was a pervasive experience. Feelings of difference arose from difficulties with speaking English fluently, discriminatory attitudes and racial prejudice, and cross-generational, socio-economic, cultural and gender role differences. The experience of difference had such consequences for the youth as silencing the self, feeling they did not belong in their new country of residence, anglicizing their names to make belonging easier, and feeling they were looked down upon. A specific barrier across systems, which must be addressed when considering the needs of newcomer female youth, remains that of discrimination and racism toward newcomers, both at the societal and systemic levels. Attitudes prevailing at the societal level in the host country toward immigrant and refugee populations affect one's sense of well-being and self-esteem.

The Canadian Council on Social Development's (1997) report, *Inclusive Social Policy Development: Ideas for Practitioners*, offers suggestions for helping organizations become more inclusive of all forms of diversity. For instance, it is suggested that one way in which organizations can become more inclusive is by providing anti-racism training for their staff and volunteers. Cultural competency training fosters understanding, knowledge and skills in working with culturally diverse groups, while anti-racism training helps develop practices that are free of racism, harassment and discrimination. Individuals, groups and organizations working with newcomer female youth must be provided with ongoing educational training in such areas. At present, as highlighted by the Canadian Race Relations Foundation (2001), the many organizations committed to combatting racism can serve as a model for organizations and institutions (both those specifically serving immigrants and mainstream institutions across sectors) for adopting anti-racist practices. Three examples, Across

Boundaries, Collectif des femmes immigrantes du Québec, and Immigrant and Multicultural Services Society of Prince George are considered below.

Across Boundaries, "an ethnoracial community health centre which provides a range of supports and services to people of colour who are experiencing mental health problems" (CRRF 2001), is located in Toronto. This organization stands out because of the anti-racist framework in which it operates, including its commitment to anti-racism training and education and anti-racism service delivery.

The non-profit Collectif des femmes immigrantes du Québec (Immigrant Women's Collective of Quebec) promotes closer ties between immigrants and Canadian populations by developing intercultural relations and supporting immigrant women during the integration process (CRRF 2001). Program initiatives have included a conference on racial inequality in education and training institutions and a book, *I'm not a racist, but...,* used for intercultural training workshops. Since 1993, the collective has worked with over 200 businesses to offer an employment service adapted to the needs of immigrants.

The Immigrant and Multicultural Services Society (IMSS) of Prince George, British Columbia has long promoted racial harmony and the elimination of racism by focussing on youth (e.g., establishing youth groups, organizing local and regional youth conferences) and working with various organizations (e.g., ethnocultural groups, school districts, the media) (CRRF 2001). The IMSS has succeeded in getting the school board to adopt a multicultural policy while also forming a committee on racism in collaboration with the IMSS. Program initiatives include the IMSS Youth Group which started a drama group called Diversity in Action, and which, in efforts to eliminate racism, performed more than 25 times in the community during the 1997-98 year.

Further initiatives, such as the largest anti-racism campaign of its kind in Canadian history (Unite Against Racism) being launched by the Canadian Race Relations Foundation can, at the societal level, help educate the public about anti-racism.

7. CONCLUSION

For newcomer female youth to achieve their aspirations and develop a positive sense of self, multi-sectoral and context-specific mental health promotion programs and policies are needed. The female youth identified multiple sources of influence on their self-esteem including their relationships, school experiences, achievements, lifestyle and their attitudes toward themselves. While in some regards the newcomer female youth experienced similar societal pressures as their Canadian-born peers (e.g., the female teenage pre-occupation with self-appearance), in others their experiences differed even among themselves.

Newcomer female youth are a diverse group with similarities in their adjustment issues to life in Canada as well as differences in such areas as their interests, resources, circumstances and self-perceptions. It cannot be assumed that the same policies and strategies would be relevant to all newcomer female youth across Canada. In mental health promotion work with the youth, as much attention needs to be given to their parallel challenges (e.g., difficulties with English), as to their distinct circumstances (e.g., degree of cross-generational differences between daughters and their parents). Furthermore, caution must be exercised in interpreting the suggested recommendations as indicating that all youth who are newcomers to Canada comprise a group with mental health vulnerabilities in need of many services during the post-migration period. The findings from this study indicate that despite the systemic barriers faced by newcomer female youth and their families, they have a strong determination to succeed and achieve their education and career goals in their new country of residence.

The focus of this report has been on newcomer female youth; however, the proposed principles and recommendations can contribute to mental health promotion among all youth attending school in Canada's multicultural cities and communities. For example, anti-racist and anti-sexist initiatives promote a society that is more just, one in which all youth, whether Canadian born or immigrant, female or male, develop and learn to embrace differences. The consequences of how differences are viewed in society are significant for youth. If differences are looked down upon or feared, the youth can experience their difference as a vulnerability. If differences are celebrated, youth will experience their uniqueness as a source of strength and pride.

APPENDIX A: BIOGRAPHIES OF RESEARCH TEAM MEMBERS

Nazilla Khanlou (Principal Investigator)
Nazilla Khanlou, RN, PhD (Clinical Health Sciences – Nursing), is an assistant professor in the Faculty of Nursing at the University of Toronto and at the Culture, Community and Health Studies (CCHS) program, Department of Psychiatry, the Centre for Addiction and Mental Health. Her clinical background is in psychiatric nursing. She is multilingual and speaks Azari, English and Farsi. She has recently been appointed as the health domain leader of the Centre of Excellence for Research on Immigration and Settlement (CERIS).

Morton Beiser (Co-Investigator)
Morton Beiser, MD, FRCP(C), is the David Crombie Professor of Cultural Pluralism and Health at the Clarke Institute and the University of Toronto. He heads the CCHS program and is the Director of CERIS – Toronto. He was appointed in 1986, by Canada Health and Welfare together with the Secretary of State-Multiculturalism, to chair the Canadian Task Force on Mental Health Issues Affecting Immigrants and Refugees.

Ester Cole (Co-Investigator)
Ester Cole, PhD (Psychology), a registered psychologist, is in private practice. She was a supervising psychologist at the Toronto Board of Education from 1984 to 2000. Her work has focussed on the development of multicultural, clinical and school psychology services. She has taught at the Ontario Institute for Studies in Education for two decades.

Marlinda Freire (Co-Investigator)
Marlinda Freire, MD, FRCP(C), is an assistant professor in the Faculty of Medicine, Department of Psychiatry, University of Toronto; a staff psychiatrist at the Hospital for Sick Children; and Chief of Psychiatric Services at the Toronto District School Board. Her primary areas of expertise include mental health and trauma-related issues affecting immigrants, refugees and victims of human rights violations; learning disabilities in the school population (particularly immigrant and refugee students); and effects of poverty on mental health.

Ilene Hyman (Co-Investigator)
Ilene Hyman, PhD (Public Health), is a research scientist at the Centre for Research in Women's Health, Sunnybrook and Women's College Health Sciences and an assistant professor in the Department of Public Health Sciences at the University of Toronto. She recently completed a report for Health Canada on immigration and health that reviewed the literature on determinants of health for immigrants in Canada.

Kenise Murphy Kilbride (Co-Investigator)
Kenise Murphy Kilbride, PhD (Sociology), is a professor in the School of Early Childhood Education at Ryerson University and Associate Director of CERIS. Her recent published research on immigrant youth includes *Between Two Worlds: The Experiences and Concerns of Immigrant Youth in Ontario* (with Paul Anisef, Etta Baichman-Anisef and Randa Kattar); *The Needs of Newcomer Youth and Emerging "Best Practices" to Meet Those Needs* (with Paul Anisef); and "Enhancing the likelihood of academic success of immigrant and refugee

children: Empowering their families, building social capital" in *The Institute of Guidance Counsellors Journal*.

Daniela Giordano (Principal Research Assistant)
Daniela Giordano completed her undergraduate degree in early childhood education at Ryerson University and is a graduate student at the University of Toronto, where she is completing a master of arts in child study and education at the Institute of Child Study. She speaks both English and Italian.

Alison Low (Research Assistant)
Alison Low is a graduate of the University of Toronto and has worked at CCHS as a research assistant since 1998 with a number of researchers. She is pursuing a master of arts in child study and education at the University of Toronto's Institute of Child Study.

APPENDIX B: YOUTH FOCUS GROUP QUESTIONNAIRE

1. On the following scale, please <u>**circle**</u> the number that shows how you have felt about yourself over the course of the **past week**. The bigger the number, the more positive you have felt about yourself. **1** means you **didn't feel good about yourself**. **10** means you **felt great** about yourself.

1   **2**   **3**   **4**   **5**   **6**   **7**   **8**   **9**   **10**

Didn't feel good
about myself
                                              Felt great
about myself

2. What things made you feel **GOOD** about yourself?

3. What things made you feel **NOT GOOD** about yourself?

4. What things can you **DO TO FEEL GOOD** about yourself?

This section asks questions about your background. The information you provide is confidential and will help us understand the general backgrounds of the youth.

1. When were you born? Month _____ Year_____

2. What Grade are you in? _____

3. What marks do you usually get?

      1 You usually get As
      2 You usually get Bs
      3 You usually get Cs
      4 You usually get Ds or Fs

4. Where do **you** live? _____   (e.g., Downtown Toronto)

5. Where were **you** born? _____

6. How old were **you** when you came to Canada? _____ years old

7. Who did **you** come with to Canada? _____

8a. Where was your **mother** born? _____

8b. Did your **mother** go to school? _____ yes _____ no

8c. For how many years did your **mother** go to school? _____ years

8d. Did your **mother** work in your home country? _____ yes _____ no

8e. What work did your **mother** do in your home country? _____

8f. Does your mother work now in Canada? _____ yes _____ no

8g. What work does your **mother** do now in Canada? _____

8h. What is the original ethnic or cultural background of your **mother**? _____

9a. Where was your **father** born? _____

9b. Did your **father** go to school? _____ yes _____ no

9c. For how many years did your **father** go to school? _____ years

9d. Did your **father** work in your home country? _____ yes _____ no

9e. What work did your **father** do in your home country? _____

9f. Does your **father** work now in Canada? _____ yes _____ no

9g. What work does your **father** do now in Canada? _____

9h. What is the original ethnic or cultural background of your **father**? _____

10. With whom do **you** live? _____

11. If you had a problem, who would you go to for help? _____

12. What **language(s)** do you speak at home? _____

13. Please share any other thoughts you may have below.

THANK YOU VERY MUCH FOR YOUR HELP!

APPENDIX C: YOUTH FOCUS GROUP EVALUATION

Today's date: _____

1) What are some of the things you have learned about yourself through these focus groups?

2) How will you use that knowledge?

3) How useful have these focus groups been in contributing toward your self-esteem?

4) What are some of the things that you <u>liked</u> and <u>did not like</u> about these focus groups?

THANK YOU!

REFERENCES

ACPH (Federal-Provincial-Territorial Advisory Committee on Population Health). 2000. *The opportunity of adolescence: The health sector contribution*. Minister of Public Works and Government Services Canada, October.

Anisef, P. and K.M. Kilbride. 2000. *The needs of newcomer youth and emerging "best practices" to meet those needs: Final report*. <http://www.ceris.metropolis.net/ Virtual%20Library/other/anisef1.html>. Accessed September 29, 2000.

Beiser, M. 1988. *After the door has been opened: Mental health issues affecting immigrants and refugees in Canada - Report of the Canadian Task Force on Mental Health Issues Affecting Immigrants and Refugees*. Ottawa: Minister of Supply and Services Canada.

Beiser, M., K. Gill and R.G. Edwards. 1993. "Mental health care in Canada: Is it accessible and equal?" *Canada's Mental Health*. 41(2): 2-7.

Beiser, M., A. Shik and M. Curyk. 1999. *New Canadian children and youth study literature review*. <http://www.ceris.metropolis.net/Virtual%20Library/other/beiser1.html>. Accessed July 2, 2001.

Bernhard, J. K. and M. Freire. 1999. *Supporting parental involvement in schools: An ethnographic study of the Toronto Latin American Parent Support Group*. <http://www.ceris.metropolis.net/v1/education/bernhardj1.html>. Accessed November 22, 1999.

Berry, J.W. 1990. "Psychology of acculturation." In *Cross-cultural perspectives - Nebraska Symposium on Motivation, 1989*. Edited by J.J. Berman. Nebraska: University of Nebraska Press, pp. 201-234.

Berry, J.W., U. Kim, S. Power, M. Young and M. Bukaji. 1989. "Acculturation attitudes in plural societies." *Applied Psychology: An International Review*. 38(2): 185-206.

Block, J., and R.W. Robins. 1993. "A longitudinal study of consistency and change in self-esteem from early adolescence to early adulthood." *Child Development*. 64: 909-923.

Bolognini, M., B. Plancherel, W. Bettschart and O. Halfon. 1996. "Self-esteem and mental health in early adolescence: Development and gender differences." *Journal of Adolescence*. 19: 233-245.

Branden, N. 1994. *The six pillars of self-esteem*. New York: Bantam.

Brown, L.D. and R. Tandon. 1983. "Ideology and political economy in inquiry: Action research and participatory research." *Journal of Applied Behavioral Science*. 19(3): 277-294.

68

Canada, CIC (Citizenship and Immigration Canada). 1999a. *Report on plans and priorities 1999-2000: Section III: Plans, priorities and strategies.* <http://www.cic.gc.ca/english/pub/rpp99e/rpp%2D3ae.html>. Accessed July 13, 2001.

———. 1999b. "Strengthening family reunification." News release. <http://www.cic.gc.ca/english/press/99/9902%2Dpre.html>. Accessed July 13, 2001.

———. 2000a. *Recent immigrants in the Toronto metropolitan area: A comparative portrait based on the 1996 census.* Minister of Public Works and Government Services Canada, May.

———. 2000b. *Facts and figures 1999: Immigration overview.* Minister of Public Works and Government Services Canada.

Canada, Health Canada. 1999a. *Canadian research on immigration and health.* Minister of Public Works and Government Services Canada.

———. 1999b. *Healthy development of children and youth: The role of the determinants of health.* <http://www.hc-sc.gc.ca/hppb/childhood-youth/spsc/e_healthy.html>. Accessed January 18, 2001.

———. 2001a*. "Centres of Excellence for Children's Well-Being: Vision, mandate and guiding principles." <http://www.hc-sc.gc.ca/hppb/childhood-youth/centres/_vision.html>. Accessed June 18, 2001.

———. 2001b*. "The Centre of Excellence for Youth Engagement." <http://www.tgmag.ca/centres/index_e.html>. Accessed June 18, 2001.

———. 2001c*. "About the Student Commission." <http://www.tgmag.ca/centres/about_e.htm>. Accessed June 18, 2001.

Canada, Statistics Canada. 1997. "1996 Census: Immigration and citizenship." *The Daily.* <http://www.statcan.ca/Daily/English/971104/d971104.htm>. Accessed June 12, 1998.

CCSD (Canadian Council on Social Development). 1997. *Inclusive social policy development: Ideas for practitioners.* <http://www.ccsd.ca/diver_e.htm>. Accessed June 18, 2001.

———. 2001. *Immigrant youth in Canada.* <http://www.ccsd.ca/subsites/cd/docs/iy/>. Accessed January 12, 2001.

Centre for Addiction and Mental Health. 2001. "The mental health and well-being of Ontario Students: Findings from the OSDUS 1991-1999 - Report Highlights." *CAMH Population Studies eBulletin.* May, No.8. Toronto, Ontario: CAMH.

Centre for Health Promotion. 1997. "Proceedings from the International Workshop on Mental Health Promotion, University of Toronto." In *Mental health promotion*. Edited by C. Willinsky and B. Pape. Social Action Series. Toronto: Canadian Mental Health Association National Office.

Chubb, N.H., C.I. Fertman and J.L. Ross. 1997. "Adolescent self-esteem and locus of control: A longitudinal study of gender and age differences." *Adolescence*. 32(125): 113-129.

Cole, E. 1998. "Immigrant and refugee children: Challenges and opportunities for education and mental health services." *Canadian Journal of School Psychology*. 14(1): 36-50.

CRRF (Canadian Race Relations Foundation). 2000. *Racism in our schools: What to know about it; how to fight it.* <http://www.crr.ca>. Accessed June 18, 2001.

———. 2001*. "*Summary of anti-racism practices: 1999 Award of Excellence Program, introduction and table of contents.*" <http://www.crr.ca/EN/Publications/Bibliography/ePub_BiblioAntiRacPracConts.htm>. Accessed June 18, 2001.

Denton, M., M. Hajdukowski-Ahmed, M. O'Connor, K. Williams and I.U. Zeytinoglu.1994. *A theoretical and methodological framework for research on women, work and health.* McMaster Research Centre for the Promotion of Women's Health (MRCPOWH) Working Paper Series #1. Hamilton, Ontario: MRCPOWH, McMaster University, June.

Driever, M.J. 1984. "Self-esteem." In *Introduction to nursing: An adaptation model*. Edited by S.C. Roy. Englewood Cliffs, New Jersey: Prentice-Hall, Inc., pp. 304-404.

Goodenow, C. and O.M. Espin. 1993. "Identity choices in immigrant adolescent females." *Adolescence*. 28(109): 173-184.

Gottlieb, B.H. 2000*. *Summary of strategies to promote the optimal development of Canada's youth.* National Forum on Health. <http://wwwnfh.hc-sc.gc.ca/publicat/execsumm/gottlie1.htm>. Accessed December 6, 2000.

Hall, B.L. 1981. "Participatory research, popular knowledge and power: A personal reflection." *Convergence*. XIV(3): 6-17.

Harper, J.F., and E. Marshall. 1991. "Adolescents' problems and their relationship to self-esteem." *Adolescence*. 26(104): 799-808.

Hyman, I. 2001. *Immigration and health.* Health policy working paper series. Ottawa: Health Canada.

Hyman, I., N. Vu and M. Beiser. 2000. "Post-migration stresses among Southeast Asian refugee youth in Canada: A research note introduction." *Journal of Comparative Family Studies*. 31(2): 281-293.

Joubert, N., and J. Raeburn. 1998. "Mental health promotion: People, power and passion." *International Journal of Mental Health Promotion*. Inaugural issue: 15-22.

Khanlou, N. 1999. "Adolescent cultural identity and self-esteem in a multicultural society." Hamilton, Ontario: Clinical Health Sciences (Nursing) Programme, McMaster University, PhD thesis.

Khanlou, N. and M. Hajdukowski-Ahmed. 1997. *Mental health promotion among female adolescents living within a cross-cultural context: Participatory action research with South Asian-Canadian high school students*. Hamilton, Ontario: McMaster Research Centre for the Promotion of Women's Health Technical Report Series #4.

———. 1999. "Chapter 11: Adolescent self-concept and mental health promotion in a cross-cultural context." In *Women's voices in health promotion*. Edited by M. Denton, M. Hajdukowski-Ahmed, M. O'Connor and I. Zeytinogly. Toronto: Canadian Scholars' Press, pp. 138-151.

Kidder, S. 1998. "A review of the current literature regarding global self-esteem and specific self-esteem in adolescent development." Dissertations/Theses. (ERIC Document Reproduction Service No. ED 427 271).

Kilbride, K.M., P. Anisef, E. Baichman-Anisef and R. Khattar. 2000. *Between two worlds: The experiences and concerns of immigrant youth in Ontario*. <http://www.ceris.metropolis.net/Virtual%20Library/other/kilbride2.html>. Accessed June 18, 2001.

King, A.J.C., W.F. Boyce and M.A. King. 1999. *Trends in the health of Canadian youth*. Ottawa: Health Canada.

Klein, H.A. 1995. "Self-perception in late adolescence: An interactive perspective." *Adolescence*. 30(119): 579-589.

Klimidis, S., G. Stuart, I.H. Minas and A.W. Ata. 1994. "Immigrant status and gender effects on psychopathology and self-concept in adolescents: A test of the migration-morbidity hypothesis." *Comprehensive Psychiatry*. 35(5): 393-404.

Koenig, L.J. 1997. "Depression and the cultural context of the self-serving bias." In *The conceptual self in context: Culture, experience, self-understanding*. Edited by U. Neisser and D.A. Jopling. Cambridge: Cambridge University Press, pp. 62-74.

Lo, H. and R. Lee. 1992. *Community mental health: The Hong Fook model*. <http://www.ceris.metropolis.net/Virtual%20Library/health/lo_lee1.html>. Accessed July 2, 2001.

Maguire, P. 1987. *Doing participatory research: A feminist approach*. Amherst: Centre for International Education, University of Massachusetts.

McCreary Centre Society. 2001a*. "About McCreary." <http://www.mcs.bc.ca/aboutmcs.htm>. Accessed June 18, 2001.

———. 2001b*. "The McCreary Youth Advisory Council." <http://www.mcs.bc.ca/ ya-yac.htm>. Accessed June 18, 2001.

McGee, R. and S. Williams. 2000. "Does low self-esteem predict health compromising behaviours among adolescents?" *Journal of Adolescence*. 23: 569-582.

McTaggart, R. 1991. "Principles for participatory action research." *Adult Education Quarterly*. 41(3): 168-187.

Media Awareness Network. 1998. *Curricula and special programs appropriate for the study of portrayal of diversity in the media: Final report.* <http://www.crr.ca/EN/MediaCentre/ NewsReleases/eMedCen_NewsRelDivInMediaRepPg4.htm>. Accessed June 18, 2001.

Metro Today. 2001. "Cuts take toll on youth: Report." July 13, p.1.

Morgan, D.L. 1988. *Focus groups as qualitative research*. Newbury Park: Sage Publications.

Mwamwenda, T.S. 1991. "Sex differences in self-concept among African adolescents." *Perceptual and Motor Skills*. 73(1): 191-194.

Mwarigha, M.S. 1997a. *The impact of cutbacks and restructuring on the NGO sector and the delivery of immigrant services.* <http://www.ceris.metropolis.net/Virtual%20Library/ community/Mwarigha29sep97.html>. Accessed June 18, 2001.

———. 1997b. *Issues and prospects. The funding and delivery of immigrant services in the context of cutbacks, devolution, and amalgamation.* <http://www.ceris.metropolis.net/ Virtual%20Library/community/Mwarigha29sep97.html>. Accessed June 18, 2001.

Richmond, T. 1996. *Effects of cutbacks on immigrant service agencies: Results of an action research project.* <http://www.ceris.metropolis.net/Virtual%20Library/ other/richmond2.html>. Accessed June 18, 2001.

Rosenberg, M. 1965. *Society and the adolescent self-image*. Princeton, New Jersey: Princeton University Press.

Rousseau, C., A. Drapeau and E. Corin. 1997. "The influence of culture and context on the pre- and post-migration experience of school aged refugees from Central America and Southeast Asia in Canada." *Social Science and Medicine*. 44(8): 1115-1127.

Rousseau, C., A. Drapeau and R. Platt. 1999. "Family trauma and its association with emotional and behavioural problems and social adjustment in adolescent Cambodian Refugees." *Child Abuse & Neglect*. 23(12): 1263-1273.

Rumbaut, R.G. 1994. "The crucible within: Ethnic identity, self-esteem, and segmented assimilation among children of immigrants." *International Migration Review*. 28(4): 748-794.

S.E.P.T. News. nd. Volume 1. Newsletter of the Settlement and Education Partnerships in Toronto.

Shek, D.T.L. 1998. "A longitudinal study of the relationship between family functioning and adolescent psychological well being." *Journal of Youth Studies*. 1(2): 195-209.

Smith, S.E., T. Pyrch and A.O. Lizardi. 1993. "Participatory action research for health." *World Health Forum*. 14: 319-324.

TDSB (Toronto District School Board). 1999. "Provincial government funding cuts to Toronto's public schools." <http//www.tdsb.on.ca/budget/budget5.htm>. Accessed February 12, 1999.

———. 2001a*. "Equity foundation statement and commitments to equity policy implementation." <http://www.tdsb.on.ca/instruction/areasofstudy/pdfs/equity%5Ffoundation%5Fstatement.pdf>. Accessed June 18, 2001.

———. 2001b*. "Helping newly arrived students." <http://www.tdsb.on.ca/instruction/areasofstudy/esl/htm>. Accessed June 18, 2001.

———. 2001c*. "TDSB student supercouncil letter on extra-curricular activities." <http://www.tdsb.on.ca/students/supercouncil2/supercouncil%5Fletter.htm>. Accessed June 18, 2001.

———. 2001d. "School Profile 2000." <http://www.tdsb.on.ca/schools/school_profiles.htm>.

Torres, R., Fernandez, F. and D. Maceira. 1995. "Self-esteem and value of health as correlates of adolescent health behaviour." *Adolescence*. 30(118): 403-412.

Tousignant, M., E. Habimana, C. Biron, C. Malo, E. Sidoli-LeBlanc and N. Bendris. 1999. "The Quebec adolescent refugee project: Psychopathology and family variables in a sample from 35 nations." *Journal of American Academy of Child and Adolescent Psychiatry*. 38(11): 1426-1431.

Watkins, D. and J. Yu. 1993. "Gender differences in the source and level of self-esteem of Chinese college students." *Journal of Social Psychology*. 133(3): 347-352.

Willinsky, C. and P. Pape. 1997. *Mental health promotion*. Social Action Series. Canadian Mental Health Association: National Office.

Willms, D.G. and N.A. Johnson. 1993. *Qualitative research methods in health: A notebook for the field*. Hamilton, Ontario: Department of Clinical Epidemiology and Biostatistics, McMaster University.

Willms, D.G., J.A. Best, D.W. Taylor, J.R. Gilbert, D.M.C. Wilson, E.A. Lindsay and J. Singer. 1990. "A systematic approach for using qualitative methods for primary prevention research." *Medical Anthropology Quarterly*. 4:4 (NS): 391-409.

Women's Health in Women's Hands. 2000. *Women's Health in Women's Hands Community Health Centre, 10th anniversary*. Toronto: Women's Health in Women's Hands.

Yu, P. and D.L. Berryman. 1996. "The relationship among self-esteem, acculturation, and recreation participation of recently arrived Chinese immigrant adolescents." *Journal of Leisure Research*. 28(4): 251-273.

*In this reference list, the year of citation is referred to as (2000) or (2001) for electronic publications for which no date of publication is identified on the Web site.

ENDNOTES

[1] Percentages have been rounded to the nearest decimal point.

[2] M. Beiser, principal investigator of a multidisciplinary team of co-investigators from Toronto, the Prairies, Vancouver and Montréal. New Canadian Children and Youth Study, 2001-2005. N. Khanlou, co-investigator from the Toronto team. Study funded by the Canadian Institutes of Health Research.

[3] A statistically significant difference was found between Canadian-born and migrant youth when using Rosenberg's Self-Esteem Scale (Rosenberg 1965), a scale which measures global self-esteem. More Canadian-born (56.1%) than migrant respondents (44.2%) were in the high global self-esteem level. A smaller proportion of migrant (4.4%) than Canadian-born respondents (7.6%) were in the low level. More migrant (44.2%) than Canadian born respondents (32.2%) were in the medium level. Although no statistically significant difference was found using the CSE, the pattern of responses between the two groups was similar to that of the global self-esteem findings (Khanlou 1999).

NOTES

[1] Les pourcentages ont été arrondis à la décimale près.

[2] M. Beiser, chercheur principal au sein d'une équipe multidisciplinaire composée de chercheurs adjoints de Toronto, des Prairies, de Vancouver et de Montréal. *New Canadian Children and Youth Study*, 2001-2005. N. Khanlou, chercheuse adjointe au sein de l'équipe de Toronto. Étude financée par les Instituts de recherche en santé du Canada.

[3] Nous avons constaté une différence statistiquement significative entre les jeunes filles d'origine canadienne et les jeunes immigrantes lorsque nous avons utilisé l'échelle de l'estime de soi de Rosenberg (Rosenberg 1965), qui permet d'évaluer l'estime de soi globale. Le niveau d'estime de soi globale était élevé chez plus de Canadiennes d'origine (56,1 %) que d'immigrantes (44,2 %). Ce niveau était faible chez un pourcentage plus faible d'immigrantes (4,4 %) que de Canadiennes d'origine (7,6 %). Plus d'immigrantes (44,2 %) que de Canadiennes d'origine (32,2 %) affichaient un niveau moyen d'estime de soi globale. Bien que nous n'ayons relevé aucune différence statistiquement significative avec l'échelle mesurant le niveau actuel d'estime de soi, les réponses données par les deux groupes se rapprochaient des résultats de l'évaluation de l'estime de soi globale (Khanlou 1999).

80

Watkins, D. et J. Yu. 1993. *Gender differences in the source and level of self-esteem of Chinese college students. Journal of Social Psychology.* 133(3): 347-352.

Willinsky, C. et P. Pape. 1997. *Mental health promotion.* Série « Action sociale ». Bureau national de l'Association canadienne pour la santé mentale.

Willms, D.G. et N.A. Johnson. 1993. *Qualitative research methods in health: A notebook for the field.* Hamilton, Ontario : Département d'épidémiologie clinique et de biostatistique, McMaster University.

Willms, D.G., J.A. Best, D.W. Taylor, J.R. Gilbert, D.M.C. Wilson, E.A. Lindsay et J. Singer. 1990. *A systematic approach for using qualitative methods for primary prevention research. Medical Anthropology Quarterly.* 4:4 (NS): 391-409.

Women's Health in Women's Hands. 2000. *Women's Health in Women's Hands Community Health Centre, 10ᵗʰ anniversary.* Toronto: Women's Health in Women's Hands.

Yu, P. et D.L. Berryman. 1996. *The relationship among self-esteem, acculturation, and recreation participation of recently arrived Chinese immigrant adolescents. Journal of Leisure Research.* 28(4): 251-273.

*Dans cette liste bibliographique, l'année de citation fait référence à l'année (2000) ou (2001) en ce qui a trait aux documents électroniques dont la date de publication n'apparaît pas sur le site Web.

Promotion de la santé mentale des jeunes immigrantes :
Expériences et estime de soi post-migratoires

par

Nazilla Khanlou, Morton Beiser, Ester Cole,

Marlinda Freire, Ilene Hyman et Kenise Murphy Kilbride

La recherche et la publication de la présente étude ont été financées par le Fonds de recherche en matière de politiques de Condition féminine Canada. Les opinions exprimées sont celles des auteures et ne reflètent pas nécessairement la politique officielle de Condition féminine Canada ou du gouvernement du Canada.

Juin 2002

Condition féminine Canada se fait un devoir de veiller à ce que toutes les recherches menées grâce au Fonds de recherche en matière de politiques adhèrent à des principes méthodologiques, déontologiques et professionnels de haut niveau. Chaque rapport de recherche est examiné par des spécialistes du domaine visé à qui on demande, sous le couvert de l'anonymat, de formuler des commentaires sur les aspects suivants :

- l'exactitude, l'exhaustivité et l'actualité de l'information présentée;
- la mesure dans laquelle la méthodologie et les données recueillies appuient l'analyse et les recommandations;
- l'originalité du document par rapport au corpus existant sur le sujet et son utilité pour les organisations oeuvrant pour la promotion de l'égalité, les groupes de défense des droits, les décisionnaires, les chercheuses ou chercheurs et d'autres publics cibles.

Condition féminine Canada remercie toutes les personnes qui participent à ce processus de révision par les pairs.

Données de catalogage avant publication (Canada)

Vedette principale au titre : Promotion de la santé mentale des jeunes immigrantes : expériences et estime de soi post-migratoires

Texte en anglais et en français disposé tête-bêche.
Titre de la p.de t. addit. : Mental health promotion among newcomer female youth.
Comprend des références bibliographiques.
Publ. aussi sur l'Internet.

ISBN 0-662-66737-6
No de cat. SW21-93/2002

1. Immigrantes — Santé mentale — Canada.
2. Jeunes femmes — Santé mentale — Canada.
3. Promotion de la santé mentale — Canada.
4. Immigrantes, Services aux — Canada.
I. Khanlou, Nazilla, 1965- .
II. Canada. Condition féminine Canada.
III. Titre: Mental health promotion among newcomer female youth.

HQ1453.M46 2002   305.235'08691   C2002-980122-2F

Gestion du projet : Julie Cool, Condition féminine Canada
Coordination de l'édition : Cathy Hallessey, Condition féminine Canada
Révision et mise en page : PMF Services de rédaction inc. / PMF Editorial Services Inc.
Traduction : Lexi-tech
Coordination de la traduction : Jo Anne de Lepper, Condition féminine Canada

Pour d'autres renseignements, veuillez communiquer avec la :
Direction de la recherche
Condition féminine Canada
123, rue Slater, 10e étage
Ottawa (Ontario) K1P 1H9
Téléphone : (613) 995-7835
Télécopieur : (613) 957-3359
ATME : (613) 996-1322
Courriel : research@swc-cfc.gc.ca

Ce document est aussi accessible sur le site Web de Condition féminine Canada, à l'adresse http://www.swc-cfc.gc.ca/.

RÉSUMÉ

Le présent rapport dévoile les conclusions d'une étude qui avait pour but d'examiner les enjeux liés à la promotion de la santé mentale des jeunes immigrantes étudiant dans des écoles secondaires. Les auteurs ont prêté une attention particulière aux facteurs qui favorisent ou défavorisent l'estime de soi chez ces jeunes femmes. L'étude a été menée à Toronto, en Ontario, dans le cadre d'une recherche active participative. Les données ont été recueillies à l'intérieur de groupes de réflexion auxquels prenaient part de jeunes élèves et des enseignants, ainsi que par le biais d'entrevues menées auprès de parents, de travailleurs en milieu scolaire et d'un travailleur provenant d'un centre de soins communautaires. Les jeunes participantes dégageaient une personnalité dynamique qui laissait entrevoir une vie remplie d'expériences et de connaissances, et sensible à l'environnement. Elles ont mentionné de nombreux facteurs ayant eu une influence sur la perception qu'elles avaient d'elles-mêmes. Les relations qu'elles entretenaient avec leurs parents et amis jouaient un rôle de soutien important. La connaissance de la langue anglaise était l'une de leurs principales préoccupations. Elles ont également souligné certains problèmes liés aux systèmes, qui rendaient difficile l'intégration des jeunes femmes et de leurs parents dans la société canadienne. Elles ont estimé avoir vécu une expérience positive en prenant part à cette étude. Les auteurs terminent en proposant des mesures gouvernementales et des recommandations visant à améliorer divers systèmes. Dans le cadre de ce processus, les auteurs recommandent que l'explication des valeurs qui sont à la base des politiques et initiatives soit un élément essentiel des stratégies visant à promouvoir la santé mentale des jeunes immigrantes.

TABLE DES MATIÈRES

LISTE DES TABLEAUX

ACRONYMES ET ABRÉVIATIONS

ALS   Anglais langue seconde
CCDS   Conseil canadien de développement social
CCHS   *Culture, Community and Health Studies*
CCJ   Conseil consultatif des jeunes
CCSP   Comité consultatif fédéral-provincial-territorial sur la santé de la population
CERIS   Centre d'excellence pour la recherche en immigration et en intégration
CIC   Citoyenneté et Immigration Canada
CTSM   Centre de toxicomanie et de santé mentale
EES   Échelle mesurant le niveau actuel d'estime de soi
GR   Groupe de réflexion
IMSS   *Immigrant and Multicultural Services Society*
RAP   Recherche active participative
SEPT   *Settlement Education Partnerships in Toronto*
TDSB   *Toronto District School Board*

PRÉFACE

Une bonne politique gouvernementale est fonction d'une bonne recherche en matière de politiques. C'est pour cette raison que Condition féminine Canada a établi le Fonds de recherche en matière de politiques en 1996. Il appuie la recherche indépendante en matière de politiques sur des enjeux liés au programme gouvernemental qui doivent faire l'objet d'une analyse comparative entre les sexes. L'objectif visé est de favoriser le débat sur les enjeux liés à l'égalité des sexes et de permettre aux personnes, groupes, stratégistes et analystes de politiques de participer plus efficacement à l'élaboration des politiques.

La recherche peut porter sur des enjeux nouveaux et à long terme, ou sur des questions urgentes et à court terme dont l'incidence sur chacun des sexes requiert une analyse. Le financement est accordé au moyen d'un processus d'appel de propositions ouvert et en régime de concurrence. Un comité externe, non gouvernemental, joue un rôle de premier plan dans la détermination des priorités de la recherche, le choix des propositions financées et l'évaluation du rapport final.

Le présent rapport de recherche a été proposé et préparé en réponse à un appel de propositions lancé en septembre 1999 et qui avait pour thème *Les jeunes femmes à risque*. Malgré les progrès accomplis au cours des dernières décennies, les jeunes femmes demeurent un groupe social très fragile, notamment sur le plan de leur santé physique et mentale, de leur avenir professionnel et de leur situation socio-économique. Elles sont confrontées à divers problèmes souvent liés entre eux. La question suivante a été posée aux chercheuses et aux chercheurs : « De quelle façon les politiques gouvernementales peuvent-elles améliorer les conditions de croissance et de développement des jeunes femmes *à risque*, de l'enfance à l'âge adulte, en passant par les années transitoires? »

Condition féminine Canada a financé deux projets de recherche sur la question. Ce rapport, intitulé *Promotion de la santé mentale des jeunes immigrantes : Expériences et estime de soi post-migratoires* examine les stratégies de promotion en matière de santé mentale particulières au contexte des adolescentes immigrantes et réfugiées. Le second rapport financé dans le cadre de cet appel de propositions, *Où se tourner? La situation des jeunes femmes sans abri au Canada*, comble d'importantes lacunes de la recherche effectuée au Canada sur les sans-abri.

Nous remercions les chercheuses et les chercheurs de leur apport au débat sur les politiques gouvernementales.

SOMMAIRE

Les recommandations qui découlent de la présente étude s'adressent à divers organes décisionnels. Étant donné que toute politique repose sur des valeurs et qu'aucune n'est établie uniquement qu'à partir de données empiriques, nous recommandons que les valeurs qui sont à la base des politiques et des principes directeurs de ces politiques soient un élément essentiel des mesures visant à promouvoir la santé mentale des jeunes immigrantes. Bien que les trois principes suivants et les valeurs sur lesquelles ils reposent puissent servir de fondement à l'élaboration de politiques et de stratégies pour la promotion de la santé mentale des jeunes immigrantes, ils ne comprennent pas tout. Au contraire, les décideurs, promoteurs de la santé, éducateurs et autres personnes, groupes ou organismes œuvrant auprès des jeunes immigrantes peuvent établir eux-mêmes leurs principes. Dans chacun des cas, l'explication des valeurs devient une étape essentielle du processus, de la recherche à la mise en oeuvre des politiques.

Principe n° 1 : Les jeunes immigrantes devraient prendre part à toutes les étapes des initiatives visant à promouvoir leur santé mentale. Elles devraient notamment participer à des projets de recherche et exprimer leur opinion sur la pertinence des initiatives proposées. L'adoption d'une méthode adaptée à leurs besoins facilitera leur participation. (*Valeur sous-jacente* : La participation des jeunes immigrantes aux initiatives visant à promouvoir leur santé mentale est nécessaire, précieuse et réalisable.)

Principe n° 2 : Les politiques et stratégies pour la promotion de la santé mentale des jeunes immigrantes doivent être adaptées à leur situation. Outre les stades de développement chez ces jeunes femmes, la jonction entre leur sexe, leur statut d'immigrante et leur appartenance à une minorité visible, et les ressources sociales nécessite l'adoption de méthodes non universelles pour promouvoir la santé mentale dans les collectivités multiculturelles du Canada. (*Valeur sous-jacente* : Nous ne pouvons partir du principe que les connaissances issues des études sur l'ensemble des jeunes femmes sont universelles et que les stratégies qui en résultent sont utiles aux jeunes immigrantes. Nous devons agir prudemment afin d'éviter les stéréotypes, car les valeurs culturelles propres aux jeunes nord-américains et les hypothèses enracinées sur le développement normal des adolescents ne correspondent pas nécessairement à celles des jeunes d'origines différentes.)

Principe n° 3 : Les stratégies pour la promotion de la santé mentale des jeunes immigrantes doivent être globales et intersectorielles dans tous les systèmes. (*Valeur sous-jacente* : Le développement des jeunes immigrantes dépend de multiples facteurs; les méthodes isolées et non durables ne sont donc pas efficaces à long terme.)

Recommandations

Nos recommandations en faveur de politiques et stratégies visant à promouvoir la santé mentale des jeunes immigrantes sont réparties selon qu'elles s'adressent au système d'éducation, au système de santé et aux services sociaux, aux services d'établissement ou à tous les systèmes.

Système d'éducation

Recommandation nº 1 : Soutenir et améliorer les programmes d'anglais langue seconde dans tous les établissements d'enseignement. Instaurer des programmes d'anglais langue seconde dans les écoles comptant un nombre élevé de jeunes immigrants.

Recommandation nº 2 : Encourager les écoles à favoriser les échanges multilingues et multiculturels.

Recommandation nº 3 : Opter pour des programmes éducatifs globaux, qui favorisent le multiculturalisme et rejettent le sexisme et le racisme.

Recommandation nº 4 : Accroître la présence d'enseignants, de directeurs et de directeurs adjoints de cultures et de races différentes dans les écoles à caractère multiculturel.

Recommandation nº 5 : Organiser des activités parascolaires dans les écoles secondaires et y former des associations d'élèves.

Recommandation nº 6 : Encourager fortement les familles d'immigrants à participer aux activités du système scolaire de leurs filles.

Système de santé et services sociaux

Recommandation nº 7 : Éduquer les professionnels de la santé et des services sociaux oeuvrant auprès des jeunes immigrantes afin de les sensibiliser aux différentes cultures.

Recommandation nº 8 : Mettre sur pied, à la grandeur du réseau de la santé, des initiatives efficaces visant à promouvoir la santé mentale des jeunes immigrantes.

Recommandation nº 9 : Prêter une attention particulière aux forces des jeunes immigrantes, ainsi qu'à leurs difficultés. Favoriser leur participation à des tribunes où se prennent des décisions en matière de planification des soins de santé et des services sociaux.

Services d'établissement

Recommandation nº 10 : Fournir des services d'établissement complets à tous les membres de la famille des jeunes immigrantes.

Recommandation nº 11 : Mettre en oeuvre des programmes d'intégration spécialisés à l'intention des jeunes immigrantes.

Recommandation nº 12 : Obtenir de tous les paliers de gouvernement un financement prolongé pour la mise sur pied de services d'établissement à l'intention des jeunes immigrantes et de leur famille.

Recommandation nº 13 : Élaborer et appuyer les programmes d'intégration offerts aux jeunes immigrantes en milieu scolaire.

Dans tous les systèmes

Recommandation n° 14 : Établir et coordonner des partenariats dans tous les systèmes (y compris le système de santé, le système d'éducation, les services sociaux et les services d'établissement).

Recommandation n° 15 : Mettre en oeuvre des politiques et des stratégies non discriminatoires et adaptées aux différences culturelles au sein des institutions oeuvrant auprès des jeunes immigrantes et de leur famille.

Pour terminer, nous soulignons les points suivants :

- *Les jeunes immigrantes constituent un groupe hétérogène dont les membres vivent des problèmes d'intégration semblables, mais se distinguent sur le plan des intérêts, des ressources, des circonstances et de la perception de soi. Il est faux de prétendre que les mêmes politiques et stratégies s'appliqueraient à tous les groupes de jeunes immigrantes au Canada.*

- *Les recommandations proposées doivent être interprétées avec prudence, car elles ne sous-entendent pas que les jeunes immigrantes du Canada vivent toutes des problèmes de santé mentale et ont toutes besoin de nombreux services. Malgré les barrières systématiques à l'intégration des jeunes immigrantes et de leur famille, elles sont fortement déterminées à réussir et à atteindre leurs objectifs scolaires et professionnels dans leur nouveau pays de résidence.*

- *Les principes et recommandations proposés peuvent contribuer à promouvoir la santé mentale de toutes les adolescentes qui vont à l'école dans les villes et collectivités multiculturelles du Canada.* Par exemple, les initiatives de lutte contre le racisme et le sexisme favorisent une société plus juste — une société dans laquelle les jeunes, qu'ils soient d'origine canadienne ou immigrants, de sexe féminin ou masculin, se développent sainement et apprennent à accepter les différences culturelles.

1. INTRODUCTION

Le présent rapport dévoile les conclusions d'un projet de recherche qui avait pour but d'examiner les enjeux liés à la promotion de la santé mentale des jeunes immigrantes. Il vise à :

- Contribuer à l'élaboration de politiques et de stratégies visant à promouvoir la santé mentale des jeunes immigrantes étudiant dans des écoles secondaires des villes multiculturelles du Canada, qui reconnaissent les situations et problèmes uniques vécus par ces adolescentes relativement à leur sexe, leur statut d'immigrante, leur appartenance à une minorité visible et leur stade de développement.

- Promouvoir la mise sur pied d'initiatives multidisciplinaires et intersectorielles (notamment à l'intérieur du système d'éducation, du système de santé et des services sociaux, des services d'établissement et par des groupes communautaires), qui favorisent l'égalité des jeunes immigrantes dans la société canadienne tout en reconnaissant le caractère distinctif de leur culture.

Cette étude a été menée à Toronto, en Ontario, en 2000 et 2001. Le projet a été réalisé par une équipe multidisciplinaire composée de chercheurs et de praticiens partageant une expérience et des intérêts communs en matière de promotion de la santé mentale des jeunes. Il s'agissait de Nazilla Khanlou, chercheuse en chef, Morton Beiser, Ester Cole, Marlinda Freire, Ilene Hyman et Kenise Murphy Kilbride, chercheurs adjoints, Daniela Giordano, adjointe principale à la recherche et Alison Low, adjointe à la recherche. Vous trouverez à l'annexe A une courte biographie des membres de l'équipe de recherche. L'étude a été administrée au Centre de toxicomanie et de santé mentale, Division Clarke, à Toronto.

Contexte

Il y a plus de dix ans, le Groupe canadien chargé d'étudier les problèmes de santé mentale des immigrants et des réfugiés définissait les jeunes et les femmes comme des groupes ayant des besoins particuliers. Constatant une diminution du niveau d'estime de soi chez les jeunes victimes de racisme, le groupe (Beiser 1988: 68) soulignait que « les politiques n'avaient pas encore répondu complètement aux besoins des jeunes immigrants comme il le fallait » [traduction libre]. Reconnaissant également les facteurs de risque additionnels auxquels les immigrantes étaient exposées comparativement aux immigrants, les auteurs du rapport (Beiser 1988: 76) faisaient remarquer qu'« en raison du fait que les femmes étaient particulièrement touchées par les facteurs contribuant au stress chez les immigrants, les politiques et les programmes traitant de ces facteurs revêtaient une importance beaucoup plus grande chez les femmes que chez les hommes » [traduction libre].

Pour que les politiques et les programmes de promotion de la santé mentale des jeunes immigrantes répondent réellement à leurs besoins, il est nécessaire d'étudier les facteurs uniques qui influent sur la santé mentale de ce groupe de jeunes et de prendre des mesures adaptées à leur situation. Nous reconnaissons d'emblée que, du début à la fin, ce rapport met l'accent sur la promotion de la santé mentale plutôt que sur la prévention de maladies. Ainsi

2

partageons-nous la même « opinion positive » que Joubert et Raeburn (1998: 15) « à l'égard de la promotion de la santé mentale », qu'ils jugent « différente de la prévention des maladies ou de toute approche pathologisante » [traduction libre]. Joubert et Raeburn appuient la définition qui a été donnée à la promotion de la santé mentale lors d'un colloque international tenu à Toronto en 1996, qui se lisait comme suit :

> La promotion de la santé mentale est le processus de renforcement de la capacité des personnes et des collectivités de prendre en main leur vie et d'améliorer leur santé mentale. La promotion de la santé mentale utilise des stratégies qui encouragent le soutien de l'environnement et la résilience des personnes, tout en respectant l'équité, la justice sociale, les interrelations et la dignité humaine (Centre for Health Promotion, 1997). [traduction libre]

Le présent rapport ne fait pas qu'aborder les problèmes vécus par les jeunes filles participant à l'étude, mais souligne également leurs forces et leurs capacités. Nous avons aussi prêté une attention particulière au rôle que jouent les systèmes dans la phase d'intégration des jeunes immigrantes. Nous reconnaissons en effet le rôle essentiel du soutien de l'environnement dans la croissance et le développement de ces jeunes femmes.

Selon Joubert et Raeburn (1998: 16), la promotion de la santé mentale nécessite « que l'on favorise la résilience en fournissant à la fois des ressources humaines et environnementales » [traduction libre]. Nous considérons que l'un des principaux éléments de la résilience est l'estime de soi et les facteurs humains et environnementaux qui influent sur l'estime de soi des jeunes immigrantes qui ont participé à notre étude. La relation qui existe entre l'estime de soi et d'autres résultats en matière de santé mentale, ainsi que l'influence qu'elle peut exercer sur les comportements des jeunes en matière de santé font de l'estime de soi un concept important sur lequel miser pour promouvoir la santé mentale (sujet abordé au chapitre 3).

En travaillant à promouvoir la santé mentale des jeunes immigrantes, nous contribuerons à créer une image positive des jeunes dans la société canadienne, ainsi que des milieux favorables à leur développement continu. Nous espérons que les conclusions de notre étude serviront de fondement à la mise sur pied d'initiatives à cette fin.

Le rapport et ses concepts

Le présent rapport est divisé en sept chapitres. Le chapitre 2 présente des données statistiques sur la population générale d'immigrants au Canada, ainsi que des données plus précises sur la population d'immigrants à Toronto et sur les jeunes immigrants au Canada. Le chapitre 3 présente une synthèse de la documentation portant sur la santé mentale et les jeunes, tout en prêtant une attention particulière à l'estime de soi. Le chapitre 4 décrit les méthodes de recherche que nous avons employées dans notre étude. Comme nous avons eu recours à une recherche active participative, nous y donnons également un bref aperçu de cette méthode. Les données recueillies auprès de diverses sources sont présentées au chapitre 5. Le chapitre 6 présente les recommandations que nous faisons au terme de notre étude en faveur de la mise en oeuvre de politiques et de stratégies pour la promotion de la santé mentale. Enfin, le dernier chapitre comprend des notes, des annexes et une liste des ouvrages cités dans ce rapport.

Nous employons, dans notre rapport, les termes « jeunes » et « adolescents » sans distinction, lesquels font référence à la phase intermédiaire de l'adolescence (élèves de 2e et 3e secondaire) et à la fin de l'adolescence (élèves de 4e et 5e secondaire). Nous proposons de tenir compte du niveau scolaire au lieu de l'âge chronologique afin de saisir les fonctions du développement psychologique associées à ce stade de développement chez les jeunes.

Le terme « immigrants » fait également référence aux jeunes réfugiés. Toutefois, compte tenu des situations différentes vécues par ces deux groupes suite à leur arrivée au Canada, les enjeux liés à la promotion de leur santé mentale lors de leur période d'intégration peuvent varier. En étudiant la documentation de Santé Canada, Hyman (2001) a constaté qu'en dépit du fait que la santé mentale des jeunes immigrants ne se portait pas plus mal que celle des jeunes Canadiens d'origine, certains sous-groupes, tels les jeunes réfugiés, étaient exposés à des risques plus élevés. La documentation que vous avons examinée dans le cadre de notre étude répartit les jeunes Canadiens d'origine, les jeunes immigrants et les jeunes réfugiés en trois sous-groupes distincts. Nous ne faisons cependant pas la même distinction, puisqu'aucune adolescente ayant pris part à notre étude ne se considère comme une réfugiée. Les auteurs de prochaines études portant sur les jeunes immigrants doivent recueillir des données qui tiennent compte du statut d'immigrant des jeunes qui y prennent part. En raison du sentiment négatif que crée le terme « réfugié », les jeunes peuvent avoir peur de s'identifier comme tel devant les autres, y compris les chercheurs et les jeunes de leur âge. En outre, bon nombre des problèmes rencontrés par les jeunes immigrantes suite à leur arrivée au pays, comme les barrières linguistiques, la difficulté d'établir des relations amicales avec de jeunes Canadiens d'origine et le sentiment d'être différentes et de ne pas appartenir à la culture canadienne, sont également vécus par les jeunes réfugiées.

L'« estime de soi » est un sentiment général à l'égard de la valeur que l'on s'attribue à soi-même et constitue l'élément évaluatif de sa personnalité. La notion de « valeur » est ancrée dans les diverses définitions de l'estime de soi. Par exemple, Driever (1984: 395) définit l'estime de soi comme « l'élément persuasif du concept de soi qui est associé à la valeur qu'une personne s'attribue à elle-même » [traduction libre]. Branden (1994: 27, en italique dans le texte original) définit l'estime de soi comme *la volonté de se considérer comme compétent afin de surmonter les petits problèmes de la vie et digne de mener une vie heureuse* [traduction libre]. La première partie de cette définition fait référence à l'auto-efficacité, à la confiance en sa capacité de « penser, de comprendre, d'apprendre, de choisir et de prendre des décisions » [traduction libre], tandis que la deuxième partie évoque le respect de soi, valeur associée au « droit de vivre et d'être heureux » [traduction libre] (Branden 1994: 26). La définition que donne Koenig (1997) reconnaît l'influence de soi et l'influence des autres sur l'estime de soi. Elle considère l'estime de soi comme « le sentiment de fierté que nous ressentons quand nous nous évaluons positivement. Il se pourrait que nous ressentions également cette même fierté quand nous croyons que les autres nous perçoivent de la même façon et cela aussi pourrait faire partie de l'estime de soi » [traduction libre] (Koenig 1997: 65).

Bien que la majorité des études empiriques définissent l'estime de soi comme un trait stable, de plus en plus d'auteurs admettent que le contexte a une influence sur l'évaluation que l'on se fait de soi-même. Dans cette optique, l'estime de soi est un sentiment dynamique, qui dépend du contexte dans lequel on vit. Les situations que vivent les jeunes immigrantes

depuis leur arrivée au pays, dont les comportements sociaux adoptés couramment à l'égard de leur sexe, de leur statut d'immigrante, de leur appartenance à des groupes ethnoculturels et raciaux, peuvent influer sur leur estime de soi. En outre, les capacités individuelles, le soutien de la famille et de la communauté ethnique de la jeune immigrante peuvent aussi être des facteurs déterminants. Des études antérieures partagent le même point de vue en soutenant que bien que la promotion de l'estime de soi puisse tirer profit d'activités axées sur les habitudes de vie, c'est dans le cadre plus élargi des relations entre adolescents, de la vie en milieu scolaire, des comportements à l'égard de soi et des réalisations qu'elle est efficace (Khanlou 1999). La corrélation entre l'estime de soi chez les jeunes immigrantes et le contexte démontre que les politiques et stratégies pour la promotion de la santé mentale ne s'appliquent pas qu'à un système, mais les concernent tous (voir chapitre 6).

2. L'IMMIGRATION ET LE CANADA

L'immigration au Canada

Citoyenneté et Immigration Canada (2000b) estime à 189 816 le nombre d'immigrants admis au Canada en 1999, dont la majeure partie étaient âgés entre 25 et 44 ans (49,5 % des femmes et 51,8 %[1] des hommes). En 1999, les immigrants provenaient principalement de la République populaire de Chine, de l'Inde et du Pakistan. Cinquante-six pour cent des immigrants ont été admis à titre de membre de la composante économique, 29 % en vertu de la catégorie de la famille et 13 % en tant que réfugiés. Les statistiques révèlent que les immigrants admis au Canada sont, en général, instruits et qualifiés. Par exemple, en 1999, 29,8 % des immigrants détenaient un baccalauréat et 68,2 % avaient l'intention de travailler. Quarante-deux pourcent des immigrants parlaient ni le français, ni l'anglais à leur arrivée, mais parmi les 43,9 % d'immigrants qui pouvaient parler l'anglais, 63,8 % avaient l'intention de travailler. Les immigrants avaient principalement choisi comme province de résidence l'Ontario (54,8 %), la Colombie-Britannique (19 %) et le Québec (15,4 %). Parmi ceux ayant opté pour ces provinces, 43,9 % habitaient à Toronto, 14,6 % à Vancouver et 12,4 % à Montréal.

Treize pour cent de tous les immigrants admis au Canada en 1999 étaient des réfugiés, dont la majorité étaient âgés entre 25 et 44 ans (43,3 % des femmes et 45,3 % des hommes). Les réfugiés admis au Canada en 1999 provenaient principalement de la Bosnie-Herzégovine, du Sri Lanka et de l'Afghanistan. Près de 63 % des réfugiés admis en 1999 avaient complété des études non universitaires (32,7 % avaient complété entre 10 et 12 années d'études, 10 % avaient complété plus de 13 années d'études, 9,8 % détenaient un certificat professionnel et 10,6 % possédaient un diplôme non universitaire). Environ 10 % des réfugiés détenaient un baccalauréat, dont 40 % pouvaient parler anglais, tandis que 46 % ne parlaient ni français ni anglais. Cinquante et un pour cent des réfugiés qui pouvaient parler anglais et 31,5 % de ceux qui ne parlaient aucune des deux langues officielles avaient l'intention de travailler au Canada. Parmi le nombre total de réfugiés admis au Canada en 1999, 49 % ont demandé le statut de réfugié en Ontario, 30,1 % au Québec et 7,8 % en Colombie-Britannique. Parmi les réfugiés ayant choisi ces provinces, 32,9 % habitaient à Toronto, 21,1 % à Montréal et 6,4 % à Vancouver.

La population d'immigrants à Toronto
Les données suivantes sur la population d'immigrants à Toronto sont tirées de documents obtenus auprès de Citoyenneté et Immigration Canada (CIC 2000a, b). Les « immigrants récents » sont ceux qui sont arrivés entre 1981 et 1996, et les « immigrants très récents », ceux qui sont arrivés entre 1991 et 1996.

Selon le recensement de 1996, la ville de Toronto comptait 1 773 000 immigrants, soit 42 % de sa population (ce nombre comprend tous les immigrants arrivés entre 1981 et 1996), ce qui signifie que 36 % des cinq millions d'immigrants au Canada avaient choisi Toronto comme ville de résidence. En 1999, 60 % des 83 267 immigrants habitant Toronto ont été admis à titre de membre de la composante économique, 28 % en vertu de la catégorie de la

famille et 10 % en tant que réfugiés. Les immigrants de Toronto provenaient en majeure partie de la République populaire de Chine, de l'Inde et du Pakistan.

Toujours selon le recensement de 1996, la majorité des immigrants récents de Toronto parlaient une langue autre que l'anglais à la maison. En 1999, à leur arrivée à Toronto, 56,4 % des immigrants parlaient l'anglais, tandis que 41 % ne parlaient ni le français, ni l'anglais. En général, 67,3 % des immigrants avaient l'intention de travailler et 74 % des immigrants qui pouvaient parler anglais avaient également l'intention de travailler.

Les données du recensement de 1996 révèlent que le niveau d'études des immigrants récents de Toronto était semblable mais légèrement inférieur à celui des Canadiens d'origine établis à Toronto. Comme l'indique le tableau 1, le niveau d'études des immigrantes et des immigrants admis au Canada entre 1991 et 1996 est comparable à celui des Canadiens d'origine, l'écart le plus important entre ces deux groupes se situant parmi ceux qui avaient moins de neuf années d'études.

Tableau 1 : Niveau d'études le plus élevé chez les personnes de 15 ans et plus, région métropolitaine de Toronto, 1996

	Moins de 9 années d'études (en %)	Quelques années d'études secondaires (en %)	Diplôme d'études secondaires (en %)	Diplôme collégial ou certificat professionnel (en %)	Diplôme universitaire (en %)
Femmes					
Nées au Canada	4	24	27	25	20
Arrivées avant 1981	23	18	20	25	13
Arrivées entre 1981 et 1990	15	21	24	25	16
Arrivées entre 1991 et 1996	14	22	25	22	17
Hommes					
Nés au Canada	4	25	25	24	22
Arrivés avant 1981	19	17	16	30	18
Arrivés entre 1981 et 1990	10	22	23	25	20
Arrivés entre 1991 et 1996	9	24	24	21	22

Source : CIC 2000a: 20.

Dans les premières années suivant l'arrivée des immigrants au Canada, le marché du travail comptait moins d'immigrants que de Canadiens d'origine. Comme l'indique le Tableau 2, tant chez les femmes que chez les hommes de tous les groupes d'âges, le pourcentage de personnes actives chez les immigrants qui sont arrivés avant 1981 (et qui vivaient donc au Canada depuis longtemps) est presque le même chez les Canadiens d'origine, ce qui indique que plusieurs années s'écoulent avant que le pourcentage de personnes actives chez les immigrants soit semblable au pourcentage de personnes actives chez les Canadiens d'origine. En général, les immigrants qui ont un niveau d'études plus élevé et ceux qui parlent anglais sont plus actifs sur le marché du travail. Malheureusement, l'éducation des récents immigrants n'est souvent pas mise à profit à son plein potentiel. Par exemple, selon Citoyenneté et Immigration Canada (2000a), alors que deux tiers des Canadiennes d'origine actives possédant un diplôme universitaire ont un emploi exigeant ce niveau de compétence, un tiers seulement des immigrantes actives possédant un diplôme universitaire (qui sont

arrivées au Canada dans les années 1990) ont un emploi exigeant ce niveau de compétence. En outre, tandis qu'environ trois quarts des Canadiens d'origine possédant un diplôme universitaire ont un emploi exigeant un diplôme, moins de la moitié des emplois occupés par des immigrants récents possédant un diplôme universitaire exigent ce niveau de compétence. Il n'est donc pas surprenant que 40 % des immigrantes très récentes et que 38 % des immigrants très récents vivent avec un faible revenu.

Parmi les immigrants récents ayant déclaré un revenu en 1995, Citoyenneté et Immigration Canada signale que leur revenu moyen était inférieur à celui des Canadiens d'origine, le salaire touché par les immigrants ayant en majeure partie travaillé à plein temps se situant bien en deçà de la moyenne relevée à Toronto. Selon toute vraisemblance, les immigrants qui vivent au Canada depuis moins de 10 ans touchent un revenu plus faible que ceux qui y vivent depuis plus de 10 ans. L'Enquête nationale sur la santé de la population menée en 1996 (CCDS 2001) révèle que plus d'un tiers des immigrants vivant au Canada depuis moins de 10 ans déclarent un revenu familial inférieur à 20 000 $, soit l'équivalent de ce que déclarent 16 % des immigrants vivant au Canada depuis plus de 10 ans et 17 % des Canadiens d'origine.

Tableau 2 : Pourcentage des personnes actives âgées entre 15 et 64 ans, selon l'âge et le sexe, région métropolitaine de Toronto, 1996

	15 à 24 ans (en %)	25 à 44 ans (en %)	45 à 64 ans (en %)
Femmes			
Nées au Canada	64	84	70
Arrivées avant 1981	73	82	64
Arrivées entre 1981 et 1990	51	76	60
Arrivées entre 1991 et 1996	40	65	41
Hommes			
Nés au Canada	63	93	82
Arrivés avant 1981	71	91	82
Arrivés entre 1981 et 1990	51	89	81
Arrivés entre 1991 et 1996	42	85	66

Source : CIC 2000a: 40.

Selon Citoyenneté et Immigration Canada (2000a), un peu plus de 10 % des immigrants arrivés à Toronto entre 1981 et 1996 étaient des réfugiés. Il n'existe pas suffisamment de données précises sur les réfugiés vivant à Toronto (p. ex. leur niveau d'études, le pourcentage de personnes actives, etc.). Le recensement de 1996 ne demandait pas aux immigrants de préciser la catégorie en vertu de laquelle ils avaient été admis au Canada. Par conséquent, bien que Citoyenneté et Immigration Canada (2000a) fournisse des données complètes sur les immigrants récents à Toronto, le ministère ne dispose pas de données précises sur les sous-populations selon les catégories en vertu desquelles elles ont été admises. Les réfugiés sont plutôt inclus dans la catégorie générale des immigrants récents.

Les jeunes immigrants au Canada

Un nombre considérable d'enfants et de jeunes immigrent au Canada chaque année. Selon Citoyenneté et Immigration Canada (2000b), en 1999, 16,5 % des immigrantes et 13 % des immigrants étaient âgés entre 15 et 24 ans. De plus, 21,5 % des immigrantes et 23,4 % des immigrants étaient des enfants dont l'âge variait entre 0 et 14 ans. Bien que de nombreux enfants et jeunes arrivent accompagnés de leur famille comme personnes à charge, certains arrivent également seuls dans le but de poursuivre leur emploi ou leurs études (CCDS 2000).

Le Conseil canadien de développement social (CCDS - 2001) signale qu'entre 1996 et 1998, près de 230 000 enfants et jeunes ont immigré au Canada. La moitié étaient originaires d'Asie et de la région du Pacifique, et un cinquième provenaient de l'Afrique et du Moyen-Orient. Plus de la moitié des enfants et des jeunes qui ont immigré au Canada entre 1996 et 1998 ne parlaient pas l'anglais ni le français. Selon toute vraisemblance, ceux qui avaient moins de 15 ans comprenaient moins l'anglais ou le français que ceux qui étaient âgés entre 15 et 24 ans, 71 % ne parlant aucune des deux langues officielles. Le CCDS (2001) signale également que parmi tous les enfants et les jeunes qui ont immigré au Canada en 1998, 5 sur 10 vivent en Ontario, 2 sur 10 en Colombie-Britannique et 1 sur 10 au Québec. Il n'est pas surprenant que la plupart des jeunes immigrants prévoient habiter à Toronto, Vancouver et Montréal, étant donné que ces villes multiculturelles offrent des services de soutien social et économique, ainsi que des possibilités d'emploi.

Selon Citoyenneté et Immigration Canada (2000b), en 1999, 18,7 % des réfugiées et 19,8 % des réfugiés admis au Canada étaient âgés entre 15 et 24 ans. En outre, 28,5 % des réfugiées et 26,7 % des réfugiés étaient âgés entre 0 et 14 ans. Parmi les jeunes réfugiés dont l'âge variait entre 0 et 14 ans, 26,3 % parlaient l'anglais à leur arrivée au Canada, tandis que 62,9 % ne parlaient ni le français ni l'anglais. Comme c'est le cas pour tous les jeunes immigrants, le ministère possède peu de données précises sur les jeunes réfugiés au Canada.

3. LES JEUNES AU CANADA :
APERÇU DE LA DOCUMENTATION SUR LA SANTÉ MENTALE

Notre analyse documentaire avait pour objectif général d'examiner les facteurs ayant une influence sur la santé mentale des jeunes Canadiens d'origine et des jeunes immigrants (y compris les réfugiés). Étant donné que notre étude portait sur la promotion de la santé mentale et non sur la maladie mentale, de même que sur une documentation empirique fondée sur des données communautaires et non cliniques, nous avons sélectionné des échantillons composés de jeunes. Comme notre objectif était de présenter des recommandations de principes en plus de trouver de la documentation par le biais de moteurs de recherche scolaires, nous avons sélectionné des publications officielles. En outre, nous avons examiné les documents recueillis par notre équipe de chercheurs, y compris leurs ouvrages portant sur les jeunes, la santé mentale et l'immigration.

Nous avons sélectionné des publications officielles et des documents de politique en effectuant une recherche dans des ouvrages canadiens et des sites Web connexes, dont ceux du Conseil canadien de développement social, de la Fondation canadienne des relations raciales, de Citoyenneté et Immigration Canada, de Santé Canada, du Centre d'excellence pour la recherche en immigration et en intégration de Toronto, et du Toronto District School Board.

Pour effectuer notre recherche documentaire, nous avons utilisé les bases de données électroniques suivantes : PsycINFO (1993-2000/2006, 1984-2001/2003), Sociological Abstracts (1986-2000/2003, Cambridge Scientific Database, 2000-2001/2003), Social Sciences Index (1983-2000/2005), Cumulative Index of Nursing and Allied Health Literature (CINAHL), HealthSTAR (HSTR), Sociological Abstracts (Silver Platter Database), Medline (1993-1996, 1997-2001/2006), PsycLIT (1998-2000/2006) et PubMed (1996-2001/2006). Pour commencer, nous avons entré des termes généraux comme « adolescence » (adolescence), « adolescent » (adolescent), « teenager » (adolescent), « youth » (jeune) et « gender » (sexe), puis des termes plus précis comme « female » (immigrante / réfugiée), « self-esteem » (estime de soi), « mental health » (santé mentale), « immigrant » (immigrant), « immigration » (immigration), « refugee » (réfugié), « Canada » et « secondary school » (école secondaire) *(N.D.L.T. : Les termes anglais sont conservés étant donné que la recherche s'est faite dans la langue originale anglaise parlée par les auteurs. La traduction entre parenthèses est ajoutée à titre indicatif)*. Nous avons, dans la plupart des cas, entré les termes dans le même ordre dans toutes les bases de données, en commençant par les généraux aux plus précis.

Notre recherche dans les diverses bases de données nous a permis de trouver un nombre limité de publications portant sur le développement de l'estime de soi chez les jeunes immigrantes durant l'adolescence. Par exemple, en puisant dans la base de données Sociological Abstracts (2000-2001/2003), parmi les 503 documents que nous avons trouvés sur les immigrants, aucun n'apparaissait lorsque nous ajoutions les termes *adolescent**, *teenage**, *female* et *self-esteem*. En cherchant dans Medline (1997-2001/2006), les 141 134 documents portant sur l'adolescence chutaient au nombre de huit lorsque nous ajoutions les termes *self-concept* (concept de soi), *emigration* (émigration) et *immigration* ou *refugees*. Dans PubMed, des

2 096 documents portant sur l'estime soi, il n'en restait que quatre lorsque nous ajoutions les termes *immigrants*, *adolescent* et *girls* (filles).

Nous avons constaté que lorsque nous ajoutions le terme précis « Canada » dans les diverses bases de données, combiné au terme « *female youth* » (jeune femme), le nombre de documents qui nous était donné était considérablement moindre. Par exemple, en cherchant dans PsycINFO (1993-2000/2006), des 314 documents que nous avons trouvés sur les réfugiés et les immigrants au Canada, il n'en restait plus que cinq lorsque nous ajoutions le terme *female youth*. Dans PubMed, nous avons trouvé 16 087 documents sur le Canada, mais il en est resté deux lorsque nous avons ajouté les termes *refugee*, *youth* et *girl**. Les résultats obtenus indiquent un manque de données portant sur la promotion de la santé mentale des jeunes immigrantes au Canada.

La santé mentale

Chez les jeunes Canadiens d'origine

La santé physique et mentale fait partie du développement sain des jeunes. La majorité des jeunes Canadiens âgés entre 11 et 15 ans semblent bien se porter sur le plan de la santé physique et mentale, des relations avec leurs parents et leurs amis, des études et des comportements liés à la santé. C'est ce que révèle le rapport de King et coll. (1999), intitulé *Santé des jeunes : tendances au Canada*, s'inspirant d'une étude conjointe transnationale menée par l'Organisation mondiale de la santé qui avait pour titre *Enquête sur les comportements liés à la santé des enfants d'âge scolaire*. Toutefois, selon Gottlieb (2000), les jeunes Canadiens âgés entre 15 et 19 ans, qui sont au nombre de 1,8 million, sont exposés à un risque accru de mortalité et de blessure associé à des accidents d'automobile, à un suicide, à une grossesse non désirée et à des maladies transmises sexuellement. Le stress, la solitude et la dépression ont également été soulevés comme facteurs prédominants particulièrement chez les jeunes femmes. En 1994, 25 % des jeunes âgés entre 15 et 24 ans avaient un problème de santé mentale et 22 % des jeunes Canadiens de 12 ans et plus étaient en état de dépression, de détresse ou les deux (CCSP 2000). Une étude fédérale-provinciale intitulée *Pour un avenir en santé* fait la même constatation, signalant que les jeunes Canadiens souffrent de stress, qui se manifeste dans un certain nombre d'habitudes nuisibles pour la santé, comme le tabagisme, le décrochage scolaire, la dépression et le suicide (comme le mentionnent Anisef et Kilbride, 2000).

Divers systèmes, dont l'éducation, la santé et les services sociaux, ainsi que le milieu de vie, exercent une influence sur le développement sain des adolescents. Par exemple, King et coll. (1999) et le Comité consultatif fédéral-provincial-territorial sur la santé de la population (CCSP 2000) considèrent que le milieu de vie et les groupes d'amis ont une influence considérable sur le développement sain des adolescents. Les jeunes qui vivent dans des milieux favorables et qui entretiennent de bonnes relations avec leurs parents jouissent d'une meilleure santé physique et mentale. L'intégration sociale des adolescents est également considérée comme un élément fondamental de leur développement sain. Selon toute vraisemblance, les adolescents dont les amis sont attentionnés et responsables se sentent bien et en confiance à l'école, et s'entendent bien avec leurs parents (CCSP 2000). Étant donné que les jeunes passent une grande partie de leur temps à l'école, le Comité

consultatif fédéral-provincial-territorial sur la santé de la population reconnaît également que le secteur de l'éducation joue un rôle de premier plan dans le développement sain des adolescents.

D'autres études sur les questions liées au sexe et à la diversité ethnoculturelle, ainsi qu'une recherche qualitative et participative permettant aux jeunes de s'exprimer, sont nécessaires (CCSP 2000). King et coll. (1999) recommandent que des efforts concertés soient faits entre l'école, la famille et les groupes d'amis afin de prendre des décisions qui favorisent le développement sain des adolescents. Le Comité consultatif fédéral-provincial-territorial sur la santé de la population recommande également une collaboration entre les divers secteurs qui influent sur le développement des adolescents (éducation, santé et services sociaux).

L'estime de soi et les différences entre les sexes
Important concept lié à la santé mentale, l'estime de soi est associée à d'autres troubles mentaux chez les jeunes. Le Centre de toxicomanie et de santé mentale (2001) signale qu'en Ontario, 10 % des élèves ont une faible estime de soi, 5 % sont exposés à un risque élevé de dépression, 30 % ont atteint un niveau accru de détresse psychologique et 13 % ont consulté un professionnel de la santé pour des troubles mentaux au cours des 12 derniers mois. Des études menées à l'étranger tiennent compte de la relation qui existe entre l'estime de soi et la santé mentale des adolescents ou les comportements liés à la santé (Bolognini et coll. 1996; Kidder 1998; McGee et Williams 2000; Torres et coll. 1995). Certains auteurs associent l'estime de soi à des troubles mentaux comme la dépression et les idées suicidaires. Dans leur étude longitudinale menée en Nouvelle-Zélande, McGee et Williams (2000) ont examiné la relation prédictive entre l'estime de soi ressentie en général et en milieu scolaire chez les jeunes de 9 à 13 ans, et les comportements des jeunes de 15 ans liés à la santé. Ils ont découvert que l'estime de soi globale laissait prévoir l'adoption de comportements nuisibles pour la santé plus tard, comme les troubles de l'alimentation, les idées suicidaires et de nombreux autres comportements nuisibles pour la santé. Torres et coll. (1995: 409) ont constaté que l'estime de soi était étroitement liée à des problèmes de santé physique et mentale chez les adolescents plus âgés en Espagne, ce qui « corrobore les conclusions de nombreuses études antérieures selon lesquelles le sentiment positif de soi a une influence énorme sur la santé mentale, particulièrement durant la période critique de l'adolescence, où divers changements d'ordre physique et psychologique entraînent des doutes et un sentiment d'insécurité pouvant avoir des conséquences marquées sur l'idée qu'une personne se fait d'elle-même » [traduction libre].

Des études menées dans des pays occidentaux révèlent qu'en comparant le niveau d'estime de soi entre les sexes, les adolescents sont plus favorisés que les adolescentes (Block et Robins 1993; Chubb et coll. 1997; Harper et Marshall 1991; Klein 1995; Rumbaut 1994). Deux études menées dans des pays non occidentaux ne font toutefois pas cette distinction entre les deux sexes sur le plan de l'estime de soi (Mwamwenda 1991; Watkins et Yu 1993). Les conclusions auxquelles arrivent leurs auteurs sont particulièrement intéressantes. En effet, ils ont constaté que la culture sud-africaine (Mwamwenda 1991) et la société chinoise (Watkins et Yu 1993) favorisaient l'estime de soi chez les hommes. Les deux études font référence à l'impact du milieu éducatif pour expliquer ce constat. En associant le milieu scolaire à l'estime de soi entre les sexes, Watkins et Yu (1993: 348) ont constaté que « dans

la société chinoise, la tradition a toujours favorisé les enfants de sexe masculin, mais les observateurs n'ont remarqué aucun signe dans les classes chinoises démontrant que les garçons ont droit à un traitement de faveur, ce qui, par contre, est souvent le cas dans les classes américaines » [traduction libre].

Selon Gottlieb (2000), les jeunes qui démontrent de la résilience et qui sont capables de surmonter l'adversité vivent dans une famille unie et stable, bénéficient d'un soutien externe et disposent de ressources personnelles. Parmi ces ressources, on retrouve des traits personnels comme l'estime de soi, l'autonomie, les aptitudes intellectuelles et la sociabilité. Le rapport de King et coll. (1999) révèle que les élèves qui ont un niveau d'estime de soi plus élevé sont plus susceptibles d'entretenir de bonnes relations avec leurs parents, de bien s'adapter et de réussir à l'école, et de se sentir heureux et en santé. En retour, chez les jeunes qui sont heureux, ils ont constaté un niveau d'estime de soi plus élevé. En général, les garçons ont tendance à se sentir plus heureux que les filles et moins sujets à d'autres facteurs de stress. Les auteurs ont observé une relation entre le statut socio-économique des parents et le degré de bien-être chez les jeunes, et constatent que les élèves qui considèrent que leurs parents sont bien nantis sont, selon toute vraisemblance, plus heureux.

Comparativement aux filles, les garçons visés par l'étude de King et coll. (1999) avaient tous un niveau d'estime de soi plus élevé, à l'exception de quelques-uns parmi les groupes d'âges (6e année, 1re et 3e secondaire). La confiance en soi chez les jeunes dépendait du niveau d'intégration au sein des groupes d'amis et des sentiments vis-à-vis de l'apparence. Chez les filles, les sentiments vis-à-vis de l'apparence constituaient un facteur déterminant de la confiance en soi, les garçons ayant tendance à se sentir plus sûrs d'eux-mêmes que les filles. Les affirmations « J'aimerais être quelqu'un d'autre » et « J'ai de la difficulté à prendre des décisions » étaient, selon toute vraisemblance, plus fréquentes chez les filles. Ces dernières étaient également plus susceptibles de se sentir déprimées une fois par semaine ou plus au cours des six derniers mois (surtout les élèves de 3e secondaire) et de loin plus susceptibles que les garçons de se sentir seules. Enfin, en ce qui a trait à leur image corporelle, les filles y accordaient, semble-t-il, plus d'importance que les garçons; elles étaient de loin plus susceptibles que les garçons d'affirmer qu'il y avait une partie de leur corps qu'elles voulaient changer.

Chez les jeunes immigrants
Une grande partie des études portant sur la santé des immigrants tiennent compte de la population adulte, plus particulièrement de la population d'immigrants dans son ensemble ou de l'origine raciale / régionale des sous-populations (Santé Canada 1999a). Il y a peu d'études longitudinales portant sur les problèmes de santé mentale des jeunes immigrants (Hyman 2001). Pour combler l'absence de données sur les problèmes de santé des jeunes immigrants au fil des ans, une étude longitudinale intitulée *New Canadian Children and Youth Study* examine la santé des jeunes immigrants et des jeunes réfugiés au Canada.[2]

Dans l'analyse documentaire qu'ils ont effectuée dans le cadre de leur étude sur les jeunes immigrants, Anisef et Kilbride (2000) signalent que les besoins des jeunes immigrants âgés entre 16 et 20 ans reçoivent peu d'attention. En outre, ils n'ont trouvé dans la documentation aucun service offert par les systèmes. Au cours de leur analyse, les auteurs ont constaté que

les principaux problèmes auxquels étaient confrontés les jeunes immigrants étaient associés à des troubles de l'identité, à la langue, à un manque de reconnaissance de leurs expériences d'apprentissage antérieures (chez les jeunes plus âgés) et à des conflits sur le plan des valeurs (p. ex. les valeurs familiales par rapport à celles de l'école, des amis, etc.). Leur analyse documentaire leur a également permis de constater des différences entre les sexes, lesquelles attribuaient-ils particulièrement à certaines cultures et n'étaient, par conséquent, pas nécessairement soulevées par tous les jeunes. Dans leurs groupes de réflexion auxquels prenaient part des jeunes immigrantes et des jeunes immigrants, Anisef et Kilbride (2000) ont constaté les problèmes suivants : la réussite au sein du système d'éducation, le racisme, les difficultés linguistiques et les problèmes rencontrés à leur arrivée relativement à leur situation familiale (p. ex., la personne a-t-elle immigré avec sa famille ou ses parents sont-ils arrivés les premiers?) Les jeunes immigrants ont également abordé les différences entre les sexes dont ils ont été victimes. Par exemple, les deux chercheurs affirment qu'en général les garçons ayant pris part à leurs groupes de réflexion ont dit avoir été victimes de racisme plus que les filles. De plus, alors que les filles disaient avoir eu plus de difficulté à la maison à faire face aux situations conflictuelles que généraient les valeurs culturelles de la famille par rapport à celles de la société, les garçons ont pour leur part rencontré plus de problèmes à l'extérieur du foyer (p. ex. à l'école, au travail). En général, chez les jeunes ayant pris part aux groupes de réflexion, les problèmes liés à l'école ont été principalement mis en cause.

Considérant que Toronto est l'une des villes les plus cosmopolites au monde et que, par conséquent, il est nécessaire que les fournisseurs de services et les décideurs améliorent les systèmes d'établissement des immigrants et des réfugiés en général, particulièrement des jeunes, Kilbride et coll. (2000: 5) résument, dans leur rapport, les conclusions de six organismes ayant pris part à un projet concerté. Il s'agissait « de déterminer les besoins, les expériences et les problèmes des jeunes immigrants appartenant à des cultures et des races différentes et d'établir avec précision les lacunes entre leurs besoins perçus et les services existants » [traduction libre]. Bien que les ouvrages examinés traitent des principaux problèmes que vivent ces jeunes, selon d'autres chercheurs, des analyses documentaires approfondies ayant pour objet les jeunes immigrants et effectuées par chacun des six organismes ont permis de constater la pénurie d'études qui abordent et déterminent méthodiquement les besoins de ce sous-groupe d'immigrants et les services mis à leur disposition. Une synthèse des conclusions des six organismes révèle que la langue était l'une des principales barrières auxquelles les jeunes immigrants se heurtaient en tentant de s'adapter et de s'intégrer à la société canadienne. Les jeunes immigrants sont confrontés à divers problèmes lorsqu'ils essaient de s'intégrer (p. ex. problèmes personnels, âge, sexe, tensions au sein de la famille); le soutien des amis, de la famille et des institutions leur permet de bien s'intégrer à la société canadienne, alors que les différences culturelles et la discrimination engendrent l'isolement et la désaffection. L'expérience de l'immigration peut entraver le passage déjà difficile de l'adolescence à l'âge adulte, surtout lorsque vient le moment de trouver un emploi.

Les jeunes immigrants qui ont pris part aux groupes de réflexion tenus par le Conseil canadien de développement social (2001) ont soulevé des problèmes semblables à ceux qu'ont constatés Anisef et Kilbride (2000) dans leur étude. Parmi les principaux problèmes soulevés, on comptait l'apprentissage d'une nouvelle langue, le sentiment de ne pas

appartenir au Canada, de ne pas être citoyen canadien, la difficulté qu'ont les parents de s'intégrer / l'écart dans les taux d'acculturation (c.-à-d. la reconnaissance de leur formation / niveau d'études, la recherche d'un emploi), les difficultés d'adaptation (c.-à-d. le soutien des amis et de la famille), le racisme et le rôle de l'école dans le processus d'intégration (c.-à-d. les classes d'anglais langue seconde).

Dans leur étude menée auprès de cinq latino-américaines, dont certaines vivaient aux États-Unis depuis dix ans, Goodenow et Espin (1993) abordent surtout les problèmes vécus par les jeunes immigrantes adolescentes : établir un équilibre entre les anciennes valeurs culturelles des parents et celles du nouveau pays de résidence, et s'adapter aux nouveaux rôles sexuels de la nouvelle culture où les latino-américaines, dit-on, profitent de la liberté de la personne (c.-à-d. choix de carrière) mais rejettent la liberté sexuelle associée aux nouveaux rôles sexuels. Les jeunes femmes ont également signalé que l'apprentissage de la langue, en l'occurrence l'anglais, rendait difficile leur adaptation au nouveau pays. En général, Goodenow et Espin laissent supposer que les jeunes adolescentes pourraient mieux s'adapter à leur nouveau pays si les collectivités étaient plus accueillantes, si des services sociaux leur étaient offerts et s'il y avait des classes et des conseillers bilingues dans les écoles.

Selon Santé Canada (1999b), les nouveaux immigrants et réfugiés risquent de vivre des situations stressantes liées à leur acculturation en raison de divers facteurs, dont les circonstances économiques, les attitudes négatives et l'isolement social et personnel qui, par conséquent, pourraient avoir une incidence sur leur santé physique et mentale. Par exemple, dans son étude longitudinale, Shek (1998) a examiné la relation qui existe entre l'organisation familiale et la santé psychologique des adolescents de Hong Kong et a constaté qu'une organisation familiale plus négative engendrait une détérioration de la santé psychologique des adolescents d'une année à l'autre. Non seulement l'organisation familiale avait-elle une influence sur la santé mentale des adolescents, mais la santé psychologique des adolescents était également déterminante dans l'organisation familiale, ce qui laisse supposer que la relation entre l'organisation familiale et le bien-être des adolescents est une relation bidirectionnelle. Même si cette étude n'a pas été menée en Amérique du Nord ni auprès de jeunes immigrants, les conclusions auxquelles arrive son auteur mettent en évidence l'importance du soutien familial dans la vie des adolescents.

Les systèmes familiaux sont vraiment isolés du contexte social plus général. Par exemple, l'analyse documentaire d'Anisef et Kilbride (2000) sur les jeunes immigrants a permis de constater que le statut socio-économique influe sur le développement sain des adolescents et des enfants sur le plan social et affectif. Toutefois, comme nous l'avons mentionné précédemment, Citoyenneté et Immigration Canada (2000a) signale que 40 % des immigrantes très récentes et que 38 % des immigrants très récents vivent avec un faible revenu. En outre, 56 % des enfants et des jeunes nés au Canada, comparativement à 36 % des enfants et des jeunes immigrants, vivent dans des familles dont le revenu est égal ou supérieur à 40 000 $ (CCDS 2001). Dans le cadre de ses groupes de réflexion auxquels participaient de jeunes immigrants, le CCDS (2001) prétendait que la frustration ressentie par les parents qui tentaient d'obtenir la reconnaissance de leur formation / niveau d'études ou un emploi dans leur nouveau pays touchait également les jeunes. Il est donc important que le bien-être des jeunes immigrants ne soit pas uniquement associé aux ressources familiales et personnelles étant donné que ces

facteurs sont souvent liés à des possibilités et des problèmes de plus grande envergure au sein des systèmes sociaux plus importants du pays de résidence (p. ex. politique d'immigration, possibilités d'emploi et reconnaissance de la formation antérieure).

L'estime de soi et les différences entre les sexes
Une analyse des ouvrages empiriques sur la santé mentale révèle un manque de données sur l'estime de soi des jeunes immigrants selon leur sexe. Bien que peu d'attention soit accordée à l'étude des problèmes de santé mentale chez les immigrantes adolescentes, on en sait encore moins sur les facteurs favorables ou défavorables à leur estime de soi. Le manque d'information sur ce segment de la société est un problème constant malgré le fait que l'on considère de plus en plus l'estime de soi comme un élément important de la santé mentale.

Dans une étude menée aux États-Unis et portant surtout sur l'estime de soi chez les jeunes immigrants (les jeunes immigrantes n'y étant pas particulièrement visées), Yu et Berryman (1996) ont examiné la relation entre le niveau d'acculturation et l'estime de soi, et le taux de participation des jeunes immigrants récents chinois à des activités récréatives organisées dans le quartier chinois de New York. Les chercheurs ont tenu compte du fait que les loisirs étaient souvent utilisés aux États-Unis comme moyen efficace d'aider les enfants immigrants à s'intégrer. Cependant, ils ont aussi admis que la notion de loisirs est souvent interprétée différemment par les Chinois et les occidentaux (p. ex. dans leurs activités récréatives, les Chinois sont passifs et non actifs). Ils ont constaté que la participation des jeunes immigrants chinois à des activités récréatives était limitée par certaines barrières perçues, dont l'absence de connaissances linguistiques, d'occasions, de partenaires, d'argent ou d'information. De plus, l'estime de soi et l'acculturation étaient toutes deux associées au degré des obstacles perçus à la participation à des loisirs. Par exemple, les élèves dont le niveau d'estime de soi était plus élevé participaient beaucoup plus souvent à des activités récréatives.

Dans une étude à grande échelle menée aux États-Unis auprès d'enfants d'immigrants provenant de l'Asie, de l'Amérique latine et des Caraïbes (la moitié des 5 127 participants étaient des immigrants et l'autre moitié étaient nés aux États-Unis), Rumbaut (1994) a constaté que le sexe était la deuxième variable explicative la plus importante associée à la santé psychologique (derrière le conflit parent-enfant). Chez les filles, le niveau d'estime de soi était plus faible et le niveau d'état dépressif, plus élevé. Les noirs capables de s'identifier comme tel avaient un niveau d'estime de soi plus élevé, ce qui, selon Rumbaut (1994: 785, écrit en italique dans le texte original) « *démystifie la croyance populaire persistante mais fausse selon laquelle les groupes minoritaires ou les enfants issus de familles à faible statut socio-économique doivent par le fait même avoir une estime de soi moins élevée* ».

Dans son analyse documentaire sur l'identité culturelle et l'estime de soi, Khanlou (1999) a examiné les facteurs individuels (l'âge et le sexe) et les facteurs environnementaux (groupe d'immigrants, antécédents culturels, situation familiale / statut socio-économique, perception du soutien familial et des amis). Dans presque tous les secteurs examinés, les études arrivaient à des conclusions différentes. Les divergences provenaient du fait que les caractéristiques démographiques des échantillons, les instruments de mesure, l'interprétation des concepts et les contextes des études étaient différents. Souvent, les études étaient menées aux États-Unis en fonction des groupes culturels ou raciaux, caractéristiques de ce contexte. Pour élaborer et

mettre en oeuvre des politiques et des stratégiques efficaces visant à promouvoir la santé mentale des jeunes immigrants au Canada, les études doivent tenir compte du développement de l'estime de soi chez les jeunes immigrants, du rôle des sexes et des multiples facteurs qui influent sur le développement
de l'estime de soi au Canada.

Chez les jeunes réfugiés

Les problèmes auxquels font face les jeunes immigrants et les jeunes réfugiés peuvent se ressembler à certains égards (p. ex. les barrières linguistiques, l'isolement social). Toutefois, on doit admettre que les jeunes réfugiés constituent une sous-population unique parmi les immigrants. Selon le Groupe canadien chargé d'étudier les problèmes de santé mentale des immigrants et des réfugiés (Beiser 1988), il est possible que les immigrants et les réfugiés vivent des problèmes semblables, mais il existe des différences qui se répercutent sur leur santé mentale. Par exemple, en examinant les ouvrages sur « l'effet de la sélection d'immigrants en bonne santé » au Canada, Hyman (2001) a constaté que les enfants réfugiés étaient davantage exposés à des problèmes de santé mentale que les enfants immigrants. Chez les réfugiés, des événements traumatisants comme la migration forcée, la guerre et la famine, ont accru le risque de troubles mentaux, dont le suicide, le syndrome de stress post-traumatique et la dépression chronique. « L'effet de la sélection d'immigrants en bonne santé » est lié au fait que l'on ait observé que les immigrants sont souvent en meilleur santé que la population née au Canada lorsqu'ils arrivent pour la première fois dans un nouveau pays, mais que leur santé tend à se détériorer au fil des années (Hyman 2001: 1).

Plusieurs études traitant particulièrement des jeunes réfugiés ont été menées au Canada. Celle de Tousignant et coll. (1999) tenait compte des résultats d'une enquête épidémiologique psychiatrique menée auprès de jeunes réfugiées et de jeunes réfugiés issus de familles de réfugiés provenant de 35 pays. Les auteurs ont constaté qu'en tant que groupe, les réfugiés adolescents affichaient un taux de psychopathologie plus élevé que d'autres jeunes du même âge (c.-à-d. 21 % de réfugiés adolescents par rapport à un taux de 11 % chez les adolescents de toute la province). Le taux de psychopathologie était semblable chez les jeunes réfugiés provenant de pays différents (c.-à-d. 23,1 % chez les jeunes de l'Asie du Sud-Est, 26,7 % chez ceux de l'Amérique du Sud, 25 % chez ceux du El Salvador et 28 % chez ceux du Cambodge). L'âge auquel les jeunes réfugiés sont arrivés au Canada n'avait aucun lien avec la psychopathologie et aucune différence n'a été constatée entre le taux de diagnostic de la psychopathologie dans les régions métropolitaines et celui dans les régions non métropolitaines. Les auteurs ont remarqué des différences entre les sexes. En effet, les réfugiées étaient davantage exposées à des risques que les réfugiés (sauf dans le cas des troubles des conduites) et l'une des quatre réfugiées a dit souffrir de phobie simple. Ils ont constaté que les troubles mentaux des jeunes réfugiés étaient associés à la séparation de leurs parents (c.-à-d. que le taux de psychopathologie chez les garçons était cinq fois inférieur s'ils habitaient avec leurs deux parents). Ils ont également remarqué que le taux de psychopathologie était plus élevé chez les filles comme chez les garçons dont le père était au chômage depuis plus de six mois, ce qui indique que la situation des parents peut avoir des conséquences sur toute la famille pendant la période d'intégration et d'adaptation au nouveau pays.

Hyman et coll. (2000) ont mené une étude qualitative sur les situations que vivent les jeunes réfugiés de l'Asie du Sud-Est au Canada. Parmi les problèmes soulevés au cours des entrevues menées pour les besoins de cette étude, on comptait l'adaptation au milieu scolaire, d'où ressortaient les deux principaux thèmes de la marginalisation et du conflit culturel, les relations parent-enfant, d'où ressortaient les deux principaux thèmes des problèmes de communication et des attentes parentales, et le conflit intrapersonnel, d'où ressortaient les deux principaux thèmes de l'acculturation, et des valeurs et de l'origine ethnique. Ces concepts s'apparentaient à ceux qui étaient abordés dans les ouvrages portant sur les difficultés rencontrées par les jeunes immigrants et les jeunes réfugiés en tentant de s'adapter à leur nouveau pays. L'étude était principalement axée sur les jeunes réfugiés et les problèmes auxquels fait face cette sous-population particulière de jeunes immigrants.

D'autres études menées au Canada examinaient les problèmes de santé mentale de groupes de réfugiés ethniques particuliers. Par exemple, Rousseau et coll. (1997) ont comparé la situation pré-migratoire (traumatisme et séparation) et post-migratoire (famille et réseau social) d'enfants réfugiés provenant de l'Amérique centrale et de l'Asie du Sud-Est et inscrits dans des écoles de Montréal. Les chercheurs ont indiqué que les effets des situations pré-migratoires et post-migratoires ne pouvaient être prévus sans tenir compte des facteurs contextuels et culturels. Dans une étude longitudinale, Rousseau et coll. (1999) ont examiné les effets des traumatismes liés à la guerre sur l'adaptation sociale et la vie post-migratoires des jeunes réfugiés cambodgiens vivant à Montréal. Ils ont constaté que les réactions aux traumatismes étaient complexes et dépendaient du moment des traumatismes et de facteurs liés au développement. Par exemple, ils jugeaient que les jeunes Cambodgiens visés par l'étude étaient différents des groupes d'autres études, parce qu'en ayant quitté le Cambodge très jeunes, ils avaient peu connu le régime de Pol Pot.

Manque de données

Notre analyse documentaire nous a permis de constater un manque de données sur la promotion de la santé mentale des jeunes immigrantes au Canada. Les études qui traitent de la santé mentale des immigrants adultes ou des jeunes vivant dans d'autres pays d'accueil ne peuvent être appliquées de manière générale aux jeunes immigrantes vivant dans des régions urbaines multiculturelles du Canada. Il importe de tenir compte de l'influence de la corrélation entre le sexe et le stade de développement, du statut d'immigrant et de minorité visible, et des ressources offertes par les systèmes sur la promotion de la santé mentale des jeunes immigrantes. Plus particulièrement, il n'existe pas suffisamment de données théoriques et empiriques sur l'estime de soi, élément important de la santé mentale des jeunes immigrantes.

Les études qui ne tiennent pas compte des différences entre les sexes ne peuvent traiter adéquatement des situations uniques que vivent les jeunes immigrantes. Des études menées dans des pays occidentaux sont unanimes : le niveau d'estime de soi est plus faible chez les filles (Block et Robbins 1993; Chubb et coll. 1997; Harper et Marshall 1991; Klein 1995; Rumbaut 1994; King et coll. 1999). Toutefois, on en sait peu sur les facteurs qui favorisent ou défavorisent l'estime de soi des jeunes immigrantes au Canada au cours de la période post-migratoire. Bien que les jeunes immigrantes soient confrontées à bon nombre des facteurs

liés au développement et à l'adaptation sociale touchant également les jeunes filles nées au Canada, la corrélation qui existe entre leur sexe, leur stade de développement et leur statut de minorité peut occasionner différents obstacles à leur estime de soi. Par exemple, des études antérieures auprès d'adolescentes elles-mêmes immigrantes ou issues de familles d'immigrants provenant des Indes orientales révèlent que les jeunes filles ont vécu une double transition (Khanlou et Hajdukowski-Ahmed 1997). En plus d'avoir subi des changements dans leur développement psychosocial, les adolescentes ont eu la lourde tâche d'établir un équilibre entre les attentes de leur famille et de la collectivité sur le plan culturel, et celles de leurs amis, de leur école et de la société canadienne.

La présence de divergences entre les concepts dans les études sur les jeunes, ainsi que les différentes situations socio-économiques et géopolitiques restreignent la possibilité de généraliser les données entre les divers pays d'accueil des immigrants. Les conclusions d'études menées sur les résultats observés chez les jeunes immigrants en matière de santé mentale ne peuvent être nécessairement comparées entre les pays et en tenant compte des situations qu'ils ont vécues durant leur période d'intégration. À titre d'exemple de divergence entre les concepts, Klimidis et coll. (1994) ont cherché à savoir si le statut d'immigrant était associé au taux de morbidité psychologique plus élevé chez un groupe d'adolescents d'origine australienne et de jeunes immigrants. Ils ont découvert que le statut d'immigrant n'avait aucun lien avec les quatre niveaux de psychopathologie (soit l'angoisse sociale, l'état anxieux, l'état dépressif et la psychopathologie générale). Ils jugeaient donc que les immigrants n'étaient pas plus exposés au risque de morbidité psychopathologique que les Australiens de naissance. Dans ce cas particulier, les conclusions ne peuvent être appliquées de manière générale aux jeunes immigrants d'un autre pays en raison de la définition donnée au statut d'immigrant. (Le statut d'immigrant servait à désigner les immigrants de deuxième génération, c'est-à-dire les jeunes Australiens d'origine nés de parents immigrants.)

Enfin, on doit prêter plus d'attention à la promotion de la santé mentale. Les études portant sur les problèmes de santé mentale des jeunes immigrants traitent souvent de maladie mentale ou de psychopathologie. Des études doivent être menées sur la promotion de la santé mentale, dont la promotion de l'estime de soi chez les jeunes immigrantes au cours de la période post-migratoire. Bien que des études sur les jeunes Canadiens d'origine (King et coll. 1999) aient permis de constater des facteurs déterminants associés au sentiment positif de soi (p. ex. le maintien de bonne relations avec les parents), leurs conclusions ne peuvent être appliquées de manière générale aux jeunes immigrantes en raison des situations uniques qu'elles vivent durant leur adolescence dans un nouveau pays. La présente étude traite surtout des problèmes associés au développement de l'estime de soi chez les jeunes immigrantes qui étudient dans des écoles secondaires d'une grande ville multiculturelle du Canada. Comme l'explique le chapitre 4, notre étude s'est déroulée dans un cadre de recherche active participative étant donné les liens qui existent entre la promotion de la santé mentale et la recherche active participative sur le plan épistémologique.

4. MÉTHODOLOGIE DE LA RECHERCHE

L'étude décrite dans les pages suivantes examine les enjeux liés à la promotion de la santé mentale des jeunes immigrantes étudiant dans des écoles secondaires à Toronto. Elle a reçu l'approbation du *Research Review Committee* du Toronto District School Board (TDSB), ainsi que du Comité d'éthique pour la recherche du Centre de toxicomanie et de santé mentale. Les données ont été recueillies dans le cadre de groupes de réflexion, d'entrevues, de questionnaires et d'une évaluation des groupes de réflexion composés d'élèves. En outre, nous avons pris des notes au cours des rencontres et avons tenu un registre permanent tout au long de l'étude. Vous trouverez dans les paragraphes suivants plus de renseignements sur ce registre.

Recherche active participative et promotion de la santé mentale

Nous avons mené notre étude selon les principes de la recherche active participative. Propre aux secteurs de l'éducation des adultes, du développement international et des sciences sociales (Denton et coll. 1994; Maguire 1987; Smith et coll. 1993), la recherche active participative est souvent utilisée dans les études interculturelles (McTaggart 1991). En tant que cadre de recherche, la recherche active participative regroupe la recherche participative et la recherche active. Brown et Tandon (1983) établissent une comparaison détaillée entre ces deux méthodes.

De nombreux liens existent entre l'évolution du concept de promotion de la santé mentale au Canada et les principes de la recherche active participative. Les deux visent à améliorer la vie des personnes concernées. Par exemple, la promotion de la santé mentale est considérée comme « le processus de renforcement de la capacité des personnes et des collectivités de prendre en main leur vie et d'améliorer leur santé mentale » [traduction libre] (Centre for Health Promotion 1997). Dans son document intitulé *Doing Participatory Research: A Feminist Approach*, Maguire (1987: 29) souligne les types de changements visés par la recherche participative :

- Le développement d'une conscience critique chez les chercheurs comme chez les participants;
- L'amélioration de la vie des personnes prenant part au processus de recherche;
- La transformation des structures et des relations sociales fondamentales. [traduction libre]

La promotion de la santé mentale et la recherche participative reconnaissent toutes deux le potentiel des personnes et leur capacité d'agir. Par exemple, la promotion de la santé mentale met en valeur les compétences d'une population (Willinsky et Pape 1997) et « utilise des stratégies qui encouragent le soutien de l'environnement et la résilience des personnes, tout en respectant l'équité, la justice sociale, les interrelations et la dignité humaine » [traduction libre] (Centre for Health Promotion 1997). L'une des caractéristiques de la recherche participative est qu'elle renforce « chez l'individu la prise de conscience de ses capacités et de ses ressources » [traduction libre] et l'aide à se mobiliser et à s'organiser (Hall 1981: 7-8).

Les similitudes qui existent entre la promotion de la santé mentale et la recherche active participative sur le plan idéologique peuvent aboutir à des résultats simultanés en matière de promotion de la santé et de recherche active participative dans les études qui traitent de la promotion de la santé mentale selon les principes de la recherche active participative. Par exemple, l'utilisation d'un cadre de recherche active participative dans les études menées auprès d'un groupe d'élèves de niveau secondaire étant elles-mêmes immigrantes ou issues de familles d'immigrants a permis à la fois d'étudier et de promouvoir la santé mentale des jeunes participantes (Khanlou et Hajdukowski-Ahmed 1997). Dans une étude menée par le *Toronto Latin American Parent Support Group*, la méthode de recherche active utilisée a permis au groupe de constater la nécessité d'apporter des changements d'ordre politique afin de promouvoir une participation véritable des parents au système d'éducation (Bernhard et Freire 1999).

Le degré d'utilisation d'un cadre de recherche active participative dans le processus de recherche peut varier d'une étude à l'autre. Il faut tenir compte notamment de l'origine de l'objectif de l'étude, des relations qui existent entre les chercheurs et les participants, de la durée de l'étude et des ressources disponibles. En dépit des difficultés d'ordre pratique et des problèmes liés au processus, les éléments participatifs et actifs de la recherche active participative et ses liens avec la promotion de la santé sur le plan idéologique devraient inciter les auteurs d'études axées sur la promotion de la santé mentale à utiliser cette méthode, particulièrement dans les études sur les collectivités, quoiqu'à différents degrés.

La présente étude comportait plusieurs éléments participatifs et un seul élément actif. Par exemple, comme il est expliqué dans les paragraphes suivants, nous avons demandé aux participants, au cours des groupes de réflexion ou des rencontres, de nous dire quels étaient leurs domaines d'intérêt. Suite à la suggestion apportée par la responsable du programme d'anglais langue seconde des jeunes participants et avec le consentement des élèves, un élément actif a incité les élèves à choisir des volumes pour leur programme. Les élèves ont émis des commentaires sur l'expérience qu'elles ont vécue en prenant part à l'étude. Le chapitre 5 en donne un aperçu.

Groupes de réflexion et entrevues

Nous avons mené notre étude auprès de deux écoles secondaires publiques de Toronto, situées sur le territoire du Toronto District School Board. Avec l'aide de Marlinda Freire, l'une des chercheuses de l'étude, nous avons communiqué avec des écoles pouvant participer à notre étude. Nous avons opté pour des écoles dont la clientèle étudiante provenait de nombreuses cultures différentes. Deux écoles secondaires du TDSB, que nous appellerons École A et École B, ont accepté de prendre part à notre étude.

Selon le profil des écoles du TDSB en 2000 (TDSB 2001d), ces deux écoles existent depuis plus d'un siècle. En 2000, l'École A comptait près de 600 élèves. Chez plus de 60 % des élèves, l'anglais n'était pas la langue maternelle. Près de 20 % des élèves vivaient au Canada depuis moins de deux ans et à peu près l'équivalent y vivaient depuis trois à cinq ans. L'École B comptait plus de 1 000 élèves. Chez plus de 60 % des élèves, l'anglais n'était pas la langue maternelle. Un peu plus de 6 % des élèves vivaient au Canada depuis moins de deux ans et près

de 10 % y vivaient depuis trois à cinq ans. Les deux écoles offraient un programme d'anglais langue seconde.

Le tableau 3 présente les rencontres que nous avons tenues selon l'ordre dans lequel elles se sont déroulées, y compris le type de rencontre, ainsi que les personnes qui y ont pris part, dont les animatrices.

Tableau 3 : Groupes de réflexion et entrevues

Type	Participants*	Animatrices**
Rencontre précédant les groupes de réflexion (École A, 1re rencontre)	Directeur	N, M
Rencontre précédant les groupes de réflexion (École B)	Responsable du programme d'anglais langue seconde	N
Rencontre précédant les groupes de réflexion (École A, 2e rencontre)	Directeur, responsable du rogramme d'anglais langue seconde	N, D
Groupe de réflexion composé d'éducateurs (École A)	Directeur, directeur adjoint, responsable du programme d'anglais langue seconde, 4 enseignants du programme d'anglais langue seconde, 2 travailleurs du SEPT	N, D
Entrevue (École A)	2 travailleurs du SEPT	N
Entrevue (collectivité)	1 travailleuse sociale	N
1er groupe de réflexion composé d'élèves (École B)	P1, P2, P3, P4, P5, P6	N, D
2e groupe de réflexion composé d'élèves (École B)	P7, P8, P9, P10	N, A
3e groupe de réflexion composé d'élèves (École B)	P7, P8, P9, P10	N, A
4e groupe de réflexion composé d'élèves (École B)	P1, P2, P3, P4, P5, P6,	N, D
Rencontre précédant les groupes de réflexion composés d'élèves (École A)	12 jeunes participantes potentielles	N
1re entrevue auprès des parents (collectivité)	PA1, PA2	N
2e entrevue auprès des parents (collectivité)	PA3	N
Sortie éducative dans une librairie (École B)	Élèves et responsable du programme d'anglais langue seconde	N

Note :
* Les noms des jeunes participantes sont remplacés par les appellations de P1 à P10 afin de préserver leur anonymat. Les mêmes appellations sont utilisées pour les mêmes participantes durant chaque réunion de groupe. Les parents interrogés sont désignés par les appellations de PA1 à PA3.
** N est l'abréviation utilisée pour Nazilla Khanlou, M pour Marlinda Freire, D pour Daniela Giordano et A pour Alison Low.

22

Rencontres précédant les groupes de réflexion

Nous avons informé les directeurs des écoles au sujet de notre étude. Comme l'indique le tableau 3 - rencontre précédant les groupes de réflexion (École A, 1re rencontre) et rencontre précédant les groupes de réflexion (École A, 2e rencontre) - nous avons tenu deux rencontres à l'École A. Nous avons proposé de communiquer avec les deux travailleurs en intégration scolaire du *Settlement and Education Partnerships in Toronto* (SEPT) de l'École A, ainsi qu'avec une travailleuse sociale qui avait animé, dans cette même école, un groupe de soutien à l'enseignement composé d'élèves originaires des Caraïbes. Pour ce qui est de l'École B, Nazilla Khanlou a téléphoné au directeur de l'école et, à la demande de celui-ci, a rencontré la responsable du programme d'anglais langue seconde (rencontre précédant les groupes de réflexion (École B) dans le tableau 3) pour lui donner plus de précisions sur l'étude. Les élèves provenant des deux écoles entrevoyaient le projet avec enthousiasme et ont apporté des suggestions intéressantes concernant l'animation des groupes de réflexion dans leur école.

Groupe de réflexion composé d'éducateurs

En septembre 2000, un premier groupe de réflexion composé d'éducateurs (groupe de réflexion composé d'éducateurs (École A) dans le tableau 3) a eu lieu à l'École A. Parmi les 11 participants, on comptait deux animatrices, le directeur de l'école et son adjoint, la responsable du programme d'anglais langue seconde, quatre autres enseignants du programme d'anglais langue seconde et deux travailleurs du SEPT. Dans le cadre de la recherche participative de notre étude, nous avons obtenu des commentaires concernant les questions devant être abordées avec les jeunes immigrantes. À cette fin, les animatrices ont distribué un aperçu général des questions qui seront posées aux groupes de réflexion, ainsi que des copies du questionnaire de l'étude. Les participants ont ensuite discuté de la validité apparente et de la pertinence de la formule de consentement, ainsi que des renseignements démographiques du questionnaire. Des corrections ont été apportées au questionnaire pour que le niveau de langue et le vocabulaire utilisés soient plus appropriés aux élèves du programme d'anglais langue seconde. L'École A a ensuite approuvé le questionnaire révisé.

Entrevues dans les écoles et auprès d'un centre de soins communautaires

En octobre 2000, nous avons organisé une rencontre avec les deux travailleurs du SEPT à l'École A (entrevue (École A) dans le tableau 3). Financé par Citoyenneté et Immigration Canada, le programme SEPT est une collaboration entre le TDSB et 43 organismes oeuvrant dans le domaine de l'intégration des immigrants. En « mettant les familles d'immigrants en contact avec le TDSB et les services d'établissement offerts dans la collectivité » [traduction libre], le SEPT vise à « aider les familles à s'établir et à promouvoir ainsi le rendement des élèves » [traduction libre] (S.E.P.T. News). Les travailleurs en intégration scolaire ont pour rôle de « contribuer à bâtir des liens entre les parents, les élèves, les écoles et la collectivité » [traduction libre]. Au cours de cette rencontre, nous avons obtenu des informations sur les facteurs de stress qui affectent la santé mentale des jeunes immigrants et des jeunes réfugiés en général, ainsi que sur les problèmes que rencontrent les jeunes immigrants à l'intérieur du système scolaire en particulier. Également en octobre, nous avons tenu une réunion (entrevue (collectivité) dans le tableau 3) avec la travailleuse sociale d'un centre de soins communautaires situé à proximité de l'École A. Celle-ci avait animé un groupe de soutien à l'enseignement à

l'intention des élèves originaires des Caraïbes de l'École A. Nous avons discuté de la situation que vivent les jeunes immigrantes issues de minorités visibles à l'intérieur du système scolaire.

Groupes de réflexion composés d'élèves

Quatre groupes de réflexion composés de jeunes immigrantes (1er, 2e, 3e et 4e groupe de réflexion composé d'élèves (École B) au tableau 3) ont été tenus en octobre et en novembre à l'École B. Nous avons également tenu en décembre, à l'École A, une rencontre précédant les groupes de discussion (rencontre précédant les groupes de réflexion composé d'élèves (École A) dans le tableau 3). Lors de cette rencontre, nous avons expliqué le but de notre étude et avons distribué des formules de consentement aux jeunes participantes potentielles. Malgré l'intérêt manifesté par l'école et les jeunes participantes potentielles à l'égard de notre étude, nous n'avons pas tenu d'autres groupes de réflexion à l'intention des élèves de l'École A en janvier 2001, en partie à cause des pressions considérables (dont les changements permanents apportés au TDSB) qu'a subi le système scolaire pendant la durée de l'étude, ce qui empêchait le personnel de l'école de trouver du temps et de prendre des dispositions pour organiser les groupes de réflexion.

Lors de la rencontre précédente avec la responsable du programme d'anglais langue seconde à l'École B, on nous avait suggéré de tenir deux groupes de réflexion avec les mêmes élèves au lieu d'un seul, ce qui permettrait de recueillir plus d'informations détaillées. Dans le cadre de la recherche participative de l'étude, nous avons tenu compte de cette suggestion et avons donc organisé deux groupes de réflexion avec chacun des deux groupes d'élèves différents. Comme l'indique le tableau 3, six élèves (P1 à P6) composaient le premier groupe et quatre autres (P7 à P10), le deuxième groupe. Ces groupes étaient formés de jeunes immigrantes inscrites au programme d'anglais langue seconde. Les deux groupes avaient des enseignants différents. L'une d'elles était responsable du programme d'anglais langue seconde à l'École B. Les enseignants ont distribué à leurs élèves des formules de consentement, qu'elles ont signées et qu'elles ont également fait signer par leurs parents avant la tenue des groupes de réflexion.

Nous avons demandé et reçu l'autorisation de chaque groupe prenant part aux groupes de réflexion d'enregistrer les séances sur bande sonore. Lors de la première rencontre, les animatrices se sont présentées et ont expliqué en quoi consistait l'étude. Nous avons invité les jeunes élèves à se présenter et à poser des questions sur l'étude. Les élèves ont ensuite répondu au questionnaire de l'étude comprenant des questions sur le niveau d'estime de soi actuel et des renseignements démographiques. Des discussions ont ensuite été engagées sur des questions liées à l'estime de soi chez les participantes. Avant de conclure la rencontre, nous avons demandé aux élèves de nous dire ce dont elles aimeraient parler lors de la prochaine séance et avons dressé une liste de leurs suggestions. Dans la deuxième rencontre, nous avons discuté des sujets proposés à la première séance. Les animatrices ont également orienté les discussions vers les objectifs de l'étude. À la fin, les élèves ont rempli un formulaire d'évaluation du groupe de réflexion. Nous avons procédé de la même façon pour les deux groupes d'élèves.

Dans le cadre d'une recherche active participative, ce sont les participants qui décident comment seront étudiés leurs problèmes de santé mentale. Avant de prendre cette décision,

ils déterminent dans quelle mesure les informations obtenues les aideront à surmonter leurs problèmes quotidiens. C'est pourquoi, lors de leur rencontre avec les adolescentes, les chercheuses, tout en respectant les objectifs de leur étude, ont également prêté attention aux sujets de discussion proposés par les adolescentes. Il s'agissait avant tout d'échanger des informations, de préserver l'anonymat des participantes et de leur assurer le contrôle du processus. Cependant, compte tenu du nombre restreint d'échanges avec les élèves (c.-à-d. deux groupes de réflexion), ce sont les chercheuses qui ont principalement animé les séances. Lors d'études précédentes auprès d'élèves menées dans le cadre d'une recherche active participative, les échanges plus nombreux avec le même groupe de jeunes filles (c.-à-d. 10 rencontres) ont fait en sorte qu'elles aient pu maîtriser le processus au cours d'une période s'échelonnant sur plusieurs mois, sous la direction constante d'un camarade de classe (Khanlou et Hajdukowski-Ahmed 1997).

Entrevues auprès des parents
En janvier 2001, nous avons mené deux entrevues auprès des parents dans l'immeuble de l'association d'une communauté ethnoculturelle de Toronto. Nous avons interrogé deux mères lors de la première entrevue auprès des parents (collectivité), que nous avons nommées PA1 et PA2 dans le tableau 3, et une autre mère, appelée PA3, lors de la deuxième entrevue auprès des parents (collectivité). Les trois femmes avaient immigré au Canada et, outre leurs expériences personnelles en tant que mères, travaillaient auprès de jeunes immigrants issus de minorités visibles. Ces entrevues nous ont permis de recueillir beaucoup d'informations en complément de celles que nous avaient fournies les élèves et les éducateurs lors des groupes de réflexion.

Préparatifs des groupes de réflexion
Les élèves portaient une insigne affichant leur prénom pour que les animatrices puissent les reconnaître et les appeler par leur nom au cours des échanges. Deux animatrices étaient présentes à chacun des groupes de réflexion. L'une avait la responsabilité d'animer les discussions et l'autre de prendre des notes et d'enregistrer les échanges sur bande sonore. Après chaque séance, les deux animatrices se rencontraient pour discuter et inscrire dans un carnet ce qu'elles avaient retenu de leur expérience, c'est-à-dire leurs impressions, leurs opinions, leur perception et leurs observations sur le processus et la structure de l'étude (Willms et Johnson 1993). Ces informations servaient à améliorer les séances subséquentes.

Questionnaire

Les jeunes participantes ont répondu au questionnaire de l'étude (annexe B) lors de la première rencontre. La première partie du questionnaire portait sur le niveau actuel d'estime de soi. Le niveau d'estime de soi est mesuré selon une échelle analogique visuelle où l'on demande aux participantes d'évaluer leur sentiment de soi au cours de la semaine précédente et de répondre à trois questions ouvertes. Les deux premières questions demandent aux participantes de nommer des facteurs qui sont favorables ou défavorables à leur estime de soi. La dernière évalue les stratégies élaborées par les participantes pour promouvoir leur estime de soi. Cette échelle de l'estime de soi a d'abord été utilisée auprès de jeunes ressortissantes des Indes orientales établies au Canada (Khanlou et Hajdukowski-Ahmed 1997) et, par la suite, après y avoir apporté de petits changements, auprès de jeunes

Canadiens d'origine et de jeunes immigrants (Khanlou 1999). Les questions ouvertes utilisées dans cette échelle permettent aux participantes de définir les facteurs favorables ou défavorables à leur estime de soi, selon leur situation personnelle, et de proposer des stratégies qui, selon elles, augmenteraient leur niveau d'estime de soi. La deuxième partie du questionnaire servait à recueillir des renseignements démographiques sur les participantes et sur les antécédents culturels, scolaires et professionnels de leurs parents.

Registre

Nous avons tenu un registre de toutes les étapes de l'étude. Les données chronologiques inscrites au registre comprenaient les informations échangées dans le cadre de l'étude en dehors des groupes de réflexion (p. ex. lors des rencontres entre la chercheuse principale, les chercheurs adjoints et les adjointes à la recherche), les préparatifs des rencontres précédant et suivant les groupes de réflexion (p. ex. échanges et réunions avec le personnel administratif des écoles, ordres du jour des groupes de réflexion), ainsi que les impressions et réactions personnelles vis-à-vis du déroulement du processus (p. ex. rencontres suivant les groupes de réflexion et commentaires des animatrices).

Analyse

Les informations servant à l'analyse qualitative provenaient notamment de notes prises lors des groupes de réflexion et des entrevues, ainsi que du registre de l'étude. Ces notes et celles du registre ont été enregistrées sur des fichiers-textes. Le contenu des bandes sonores a été sténographié. Quant aux rencontres qui n'ont pas été enregistrées sur bande sonore (les rencontres précédant les groupes de réflexion et celle que nous avons tenue au centre de soins communautaires), nous avons complété les notes sommaires que nous y avions prises et les avons enregistrées sur des fichiers-textes. Pour l'analyse qualitative des données, nous nous sommes inspirés des lignes directrices de Willms et Johnson (1993) concernant l'élaboration d'un schéma de codage et avons procédé comme suit :

1. Nous avons lu les fichiers-textes contenant les notes prises lors des rencontres avec les élèves pour avoir un aperçu global des informations. Nous avons commencé par les informations recueillies lors des rencontres avec les élèves pour faire en sorte que leurs commentaires soient au centre de la présentation des conclusions de l'étude. La chercheuse principale et les adjointes à la recherche ont ensuite codé le texte. Elles ont inscrit les expressions ou termes décrivant le contenu des informations dans les marges des notes, ce qui permettait d'obtenir des sous-thèmes préliminaires et de désigner des thèmes nouveaux. Cette étape a été effectuée séparément par la chercheuse et ses adjointes.

2. La triangulation des thèmes et sous-thèmes a été effectuée dans le cadre d'une réunion en tête à tête. La chercheuse et ses adjointes ont comparé leurs listes de sous-thèmes et discuté de la façon de les regrouper en thèmes. Elles ont tenu compte de la position hiérarchique des sous-thèmes dans divers schémas. Pour interpréter les résultats selon la

situation vécue par les élèves, nous avons constamment fait référence au contexte (écoles secondaires) et aux participantes tout au long des échanges.

3. Après avoir convenu des nouveaux thèmes et sous-thèmes, nous avons utilisé le système de codage pour les autres informations, dont celles qui avaient été recueillies lors des entrevues et celles inscrites au registre.

L'analyse quantitative, effectuée à partir des informations recueillies dans les questionnaires, comprenait des statistiques descriptives et fournissait des renseignements démographiques sur les participantes de l'étude, ainsi que leur niveau d'estime de soi mesuré selon l'échelle analogique visuelle.

Participants

Élèves
Dix adolescentes ont pris part aux groupes de réflexion. Elles étaient âgées en moyenne de 17 ans et vivaient toutes au centre-ville de Toronto. Huit d'entre elles étaient en 5e secondaire et deux, en 3e secondaire. Quatre élèves avaient des notes de l'ordre de A, trois de l'ordre de A et B, et deux de l'ordre de B et C. (Une élève n'a pas répondu à cette question.)

Trois élèves étaient originaires de la Corée, quatre de la Chine, une de la Russie, une de Taïwan et une de Macao. Neuf d'entre elles appartenaient à des minorités visibles. Lorsqu'elles sont arrivées au Canada, elles avaient en moyenne 13,9 ans (leur âge variait entre 10 et 17 ans). Quatre sont venues s'établir au Canada avec leur famille, deux avec les deux parents, une avec ses parents et ses frères et soeurs, une avec sa mère, une avec sa mère et ses frères et soeurs, et une avec un membre de sa parenté (cousine). Nous avons demandé aux participantes quelle langue ou quelles langues elles parlaient à la maison. Trois parlaient le coréen (dont l'une parlait aussi l'anglais), trois parlaient le mandarin, deux parlaient le cantonais, une parlait le russe et une le chinois. Toutes parlaient une langue autre que l'anglais à la maison. Quatre d'entre elles ont dit habiter avec leurs deux parents, deux avec leurs deux parents et leurs frères et soeurs, une avec sa famille, une avec sa famille sauf son père, une avec un membre de sa parenté (cousine) et une avec sa mère, son beau-père et son frère ou sa soeur. (P1, P7 et P8 étaient de la même famille, c'est-à-dire qu'elles étaient soeurs).

Nous leur avons demandé des renseignements sur leurs parents. Parmi les mères, cinq sont nées en Chine, trois en Corée, une en Taïwan et une à Moscou. Nous leur avons demandé quels étaient les antécédents ethniques ou culturels de leur mère. Leurs réponses étaient les mêmes que celles qu'elles nous avaient données concernant l'endroit ou leur mère était née (cinq mères étaient chinoises, trois étaient coréennes, une était taïwanaise et une était russe). En ce qui a trait au niveau d'études des mères, les dix élèves ont répondu que leur mère était allée à l'école. Les mères avaient fait en moyenne près de 11,7 années d'études (neuf élèves ont répondu et une n'était pas certaine). Six mères avaient travaillé dans leur pays d'origine. Concernant le type de travail que leur mère faisait, les élèves ont répondu que leur mère était ménagère, coroner, enseignante à l'école primaire, ingénieure, ou qu'elle travaillait dans une usine, un restaurant ou à des tâches diverses. Au Canada, cinq des dix mères travaillaient, notamment dans un salon d'esthétique / de coiffure, une usine, une entreprise et un supermarché.

Quant aux pères, cinq étaient nés en Chine, trois en Corée, un en Taïwan et un en Russie. Concernant les antécédents ethniques ou culturels de leur père, les réponses des élèves étaient les mêmes que celles qu'elles nous avaient données concernant l'endroit ou leur père était né. Neuf élèves ont dit que leur père était allé à l'école (une a répondu que son père n'était pas allé à l'école). Les pères avaient fait en moyenne près de 14,7 années d'études (huit élèves ont répondu et une n'était pas certaine). Les dix pères avaient travaillé dans leur pays d'origine, soit comme membre du clergé, journaliste / enseignant / cameraman, ingénieur civil, commerçant, mécanicien automobile, ingénieur, dans un restaurant ou à des tâches diverses (selon les réponses qu'ont données huit élèves). Au Canada, huit des dix pères avaient un emploi, notamment comme ministre du culte, travailleur dans une usine, commerçant, mécanicien, ingénieur et commis dans un supermarché.

Lorsque nous avons demandé aux élèves à qui elles demanderaient de l'aide si elles avaient un problème, elles nous ont répondu à leur famille (parents, mère, père, soeur, cousine), à des amis ou à d'autres personnes importantes (petit ami). L'une d'elles a dit qu'elle consulterait un professionnel (enseignant).

Éducateurs

Parmi les personnes ayant pris part à l'étude, neuf faisaient partie du groupe des éducateurs ayant participé aux rencontres, dont le directeur et le directeur adjoint de l'École A, deux travailleurs du SEPT et cinq enseignants. Il y avait quatre femmes et cinq hommes. Nous leur avons demandé quels étaient leur statut et leurs antécédents culturels. Trois étaient des immigrants (provenant de la Guyane, du Japon et du Sri Lanka) et six sont nés au Canada (mais étaient de descendance ukrainienne, finlandaise ou polonaise).

Personnes interrogées

Comme nous l'avons dit précédemment, nous avons interrogé deux travailleurs du SEPT, une travailleuse sociale d'un centre de soins communautaires et trois parents. Les travailleurs du SEPT avaient également pris part au groupe de réflexion composé d'éducateurs. Les deux appartenaient à une minorité visible, tout comme la travailleuse sociale et les trois mères interrogées. Ces dernières avaient immigré d'Afrique et, avant leur arrivée au Canada, deux d'entre elles avaient vécu en Europe et l'autre au Moyen-Orient et aussi en Europe. La première était mère de trois enfants, dont deux filles, la deuxième avait deux enfants et la troisième en avait trois, toutes des filles (cette mère était aussi grand-mère). Une des mères était mariée, une autre était séparée et une troisième était célibataire. Deux d'entre elles avaient une formation d'infirmière. Comme leur diplôme n'était pas reconnu au Canada, l'une travaillait comme conseillère communautaire en intervention d'urgence auprès des personnes souffrant de troubles mentaux et l'autre suivait une formation collégiale en consultation. La troisième mère travaillait dans un service de garde affilié à l'association d'une communauté ethnoculturelle et possédait une formation en éducation des jeunes enfants.

5. FACTEURS FAVORABLES ET DÉFAVORABLES À LA PROMOTION DE LA SANTÉ MENTALE

Les résultats décrits ci-contre sont issus de l'analyse des informations que nous avons recueillies lors des groupes de réflexion auxquels ont participé les élèves et les éducateurs, et des entrevues, ainsi que des réponses au questionnaire de l'étude. Nous présentons d'abord les résultats du questionnaire portant sur l'estime de soi. Vient ensuite l'analyse des données qualitatives recueillies lors des groupes de réflexion et des entrevues. Chaque section subséquente traite d'un nouveau thème et des sous-thèmes qui y correspondent : concept de soi, langue, relations et problèmes liés aux systèmes. Nous abordons ensuite de façon générale les enjeux nouveaux issus des conclusions de l'étude. Enfin, nous évaluons l'étude sur le plan participatif.

Estime de soi

Les dix élèves ont toutes répondu à la partie du questionnaire portant sur le niveau actuel d'estime de soi. Nous avons demandé aux participantes d'évaluer, à partir de l'échelle analogique visuelle, leur sentiment de soi au cours de la dernière semaine, le chiffre 1 indiquant « je ne me sentais pas bien dans ma peau » et 10, « je me sentais très bien dans ma peau ». La note moyenne du groupe était de 7,9, ce qui sur l'échelle correspondait à un sentiment se situant à mi-chemin entre se sentir bien et se sentir mal dans sa peau. Trois élèves ont encerclé la note élevée de 9, trois la note 8 et quatre la note 7. La note moyenne se rapproche de celle de 7,2 obtenue lors d'une étude menée auprès d'un groupe d'adolescentes canadiennes originaires des Indes orientales (Khanlou et Hajdukowski-Ahmed 1997). Parmi les jeunes filles interrogées, cinq étaient alors des Canadiennes de première génération et une avait immigré. Dans une autre étude menée auprès de 550 élèves immigrants et d'origine canadienne de niveau secondaire (Khanlou 1999), la note moyenne attribuée par les filles à leur niveau d'estime de soi sur l'échelle était de 6,8. Chez les garçons, la moyenne était de 7,5, ce qui statistiquement représentait une différence significative entre les sexes. Aucune différence tout aussi significative statistiquement n'a été relevée entre les jeunes Canadiens d'origine (435 personnes interrogées) et les jeunes immigrants (99 immigrants et 14 élèves étrangers).[3]

La première question ouverte demandait aux élèves d'énumérer, d'après l'échelle analogique visuelle du niveau actuel d'estime de soi, les facteurs qui favorisaient leur estime de soi. Comme l'indique le tableau 4, les facteurs soulevés étaient associés, en ordre décroissant, à l'image de soi, à l'école, aux relations, aux réalisations et au mode de vie. Les réponses ont été regroupées selon le schéma de codage utilisé dans l'étude menée auprès des 550 élèves immigrants et d'origine canadienne de niveau secondaire (Khanlou 1999). Le thème de l'image de soi est ressorti des réponses traitant de certains éléments de la perception qu'ont les élèves d'elles-mêmes, comme l'apparence, les qualités personnelles, l'éthique du travail et les connaissances. Le thème de l'école était lié à leur expérience en milieu scolaire, comme l'étude et l'obtention de bonnes notes. Le thème des relations traduisait les relations qu'entretiennent les élèves avec diverses personnes, dont les membres de leur famille et leurs amis. Les réponses associées aux réussites ou aux échecs des jeunes élèves dans différents

domaines ont été regroupées sous le thème des réalisations, dont celles liées à la musique. Les réponses reflétant les habitudes de vie ou les comportements ont été classées sous le thème du mode de vie. Par exemple, l'une des élèves a répondu que le fait d'avoir du plaisir la fin de semaine lui procurait un sentiment de bien-être.

Tableau 4 : Facteurs favorables à l'estime de soi

Facteur	Exemples
Image de soi	« apparence », « bien paraître », « ma gentillesse », « ma franchise », « en savoir plus que les autres », « le sens de la mode », « quand je pense à mon avenir », « je suis celle qui peut rendre d'autres gens heureux », « le désir d'être instruite », « bien préparée (quand l'examen arrive) », « travailler fort ».
École	« mes études, parce que j'étudie toujours beaucoup », « après avoir résolu une question de math difficile », « avoir une bonne note à l'examen », « répondre correctement aux questions posées en classe », « une note forte en math », « j'ai eu une bonne note en musique et en math », « étudier », « ne pas être une mauvaise élève », « pas avoir de notes moins bonnes ».
Relations	« mes amis, parce que j'ai beaucoup de bons amis », « j'ai beaucoup d'amis », « les grands-parents, parce qu'ils m'achètent toujours des choses », « entendre dire du bien de moi », « quand les autres m'apprécient », « être avec ma famille ».
Réalisations	« pratiquer des chansons », « accomplir mon but », « je joue du violon », « le conseil scolaire de Toronto m'a demandé de jouer du piano », « je me débrouille bien sur Internet ».
Mode de vie	« avoir du plaisir la fin de semaine ».

La deuxième question ouverte demandait aux élèves d'énumérer les facteurs qui étaient défavorables à leur estime de soi. Comme l'indique le tableau 5, les réponses étaient pour la plupart associées d'abord à l'école, puis à la l'image de soi, au mode de vie, aux relations et aux réalisations. Concernant l'école, l'obtention de notes faibles et la difficulté à apprendre l'anglais étaient parmi les facteurs qui diminuaient le niveau d'estime de soi chez les élèves. Sur le plan de l'image de soi, les facteurs soulevés traduisaient leur préoccupation à l'égard de leur personnalité ou de leur aptitude intellectuelle. Perdre du temps en faisant diverses activités, comme en regardant la télévision, était un comportement associé au mode de vie, qui avait une influence négative sur le sentiment d'estime de soi des élèves. Les paroles blessantes d'autres personnes à leur endroit et, dans un des cas, la pression exercée par les parents désireux que leur fille obtienne de bons résultats scolaires, figuraient parmi les facteurs défavorables associés aux relations.

La dernière question ouverte demandait aux élèves de dire ce qu'elles pourraient faire pour améliorer leur estime de soi. Le tableau 6 présente un aperçu des réponses qu'elles ont données. La plupart étaient associées au mode de vie, à l'image de soi et à l'école. Parmi les activités liées au mode de vie, jouer ou écouter de la musique, avoir un passe-temps et lire étaient celles qui pouvaient les aider à se sentir bien avec elles-mêmes. Concernant l'image de soi, bien s'habiller, améliorer un trait de leur caractère, faire ce qu'elles avaient à faire et penser du bien d'elles-mêmes figuraient parmi les stratégies favorables à leur estime de soi. Étudier plus et obtenir de meilleures notes étaient les activités énumérées relativement à

l'école. Quant aux « autres » facteurs, l'une d'elles a répondu que le fait de retourner dans son pays d'origine avait permis d'améliorer son estime de soi.

Tableau 5 : Facteurs défavorables à l'estime de soi

Facteur	Exemples
École	« les notes », « quand j'ai eu une très mauvaise note à un examen », « j'ai raté l'examen », « j'ai oublié de faire un devoir ou d'étudier pour l'examen », « arriver en retard à l'école », « parfois, j'ai toujours l'impression que l'anglais est dur à apprendre », « quand je ne m'entendais pas avec les élèves ordinaires », « quand j'ai une basse note dans une matière », « j'ai eu une mauvaise note en anglais », « je n'ai pas bien étudié ».
Image de soi	« je me sens stupide », « j'ai des défauts qui me font toujours sentir mal. Des fois, je blesse quelqu'un et je n'ai même pas conscience de ce que je dis ou de ce que je fais », « je me compare toujours à ceux qui ont l'air meilleur que moi dans tout. Quand je fais ça, j'ai honte après et je m'aime pas », « je me sens tellement stupide des fois d'avoir fait ou d'avoir appris telle ou telle chose », « me sentir paresseuse quand il faut que j'étudie », « paresseuse ».
Mode de vie	« j'ai pas assez dormi », « perdre du temps quand je reviens de l'école, comme regarder la télévision, écouter de la musique, parler au téléphone ou de *chatter* sur Internet », « toujours regarder la télévision ».
Relations	« j'ai entendu quelqu'un parler de moi dans mon dos », « les gens disent des choses qui me blessent », « les autres qui rient de moi », « mes parents, ils me mettent toujours tellement de pression comme je devrais aller à l'université ou si je ne vais pas à l'université, ils disent qu'ils ne seront plus mes parents ».
Réalisations	« faire quelque chose de mal ».

Tableau 6 : Stratégies visant à améliorer l'estime de soi

Facteur	Exemples
Mode de vie	« avoir un passe-temps spécial », « chanter, dormir ou jouer à des jeux d'ordinateur », « écouter de la musique », « parler avec un(e) ami(e) sur Internet », « jouer du piano », « lire des romans de fiction », « regarder la photo de mon chanteur préféré ».
Image de soi	« bien m'habiller, peut-être un peu plus différemment des autres », « porter des vêtements soignés, propres et confortables », « pratiquer », « faire ce que je dois faire », « être efficace », « J'aimerais trouver un moyen de me cacher quand je me sens pas bien avec moi-même. Peut-être que comme ça je me sentirais mieux », « changer mes défauts », « penser du bien de moi ».
École	« être meilleure à l'école », « étudier plus », « avoir de bonnes notes à l'école / sur mon bulletin », « étudier plus pour obtenir les crédits des CPO [cours préuniversitaires de l'Ontario] ».
Réalisations	« terminer chaque tâche, à temps », « faire tout avec précision ».
Relations	« écouter davantage mes enseignants et mes parents ».
Autres	« je suis retournée en Chine ».

Les réponses obtenues sur le niveau actuel d'estime de soi dans cette étude présentent des similitudes avec celles qu'ont données les participants à l'étude menée auprès des élèves immigrants et d'origine canadienne de niveau secondaire (Khanlou 1999), dans laquelle

les relations, l'école, l'image de soi et les réalisations jouaient un rôle important dans la promotion ou la diminution de l'estime de soi chez les jeunes. Les activités associées au mode de vie (qui constituent le principal objectif de promotion de la santé chez les élèves de niveau secondaire) ont été fréquemment soulevées à titre de stratégies favorisant l'estime de soi. La réussite scolaire avait une influence importante sur l'estime de soi des jeunes immigrantes. Comme l'indiquent les tableaux 4, 5 et 6, l'étude et l'obtention de bonnes notes étaient d'importants facteurs associés à leur sentiment de bien-être. Ces réponses ne se limitaient pas au thème de l'école, mais étaient également mentionnées en regard de l'image de soi, notamment « le désir d'être instruite » (figurant parmi les facteurs favorables à l'estime de soi). Les élèves étaient conscientes du lien existant entre la réussite au niveau secondaire et la poursuite d'études supérieures et de plans de carrière dans les années à venir. Outre les attentes élevées des élèves elles-mêmes, leurs parents avaient aussi des attentes semblables. Les attentes élevées sur le plan scolaire associées à l'apprentissage d'une nouvelle langue (l'anglais) et d'un nouveau programme d'études secondaires dans le nouveau pays de résidence représentaient parfois un lourd fardeau pour les jeunes immigrantes et avaient une incidence sur leur estime de soi.

Le concept de soi

L'image qui ressort du concept de soi des participantes laisse entrevoir une connaissance dynamique et multicouche de leur personnalité. Bien que les étiquettes d' « immigrant », d' « élève en anglais langue seconde », de « réfugié » et de « Canadien d'origine » puissent servir d'étape préliminaire pour déterminer à quel groupe un jeune appartient en particulier, ces étiquettes ne peuvent, comme en font foi les résultats, permettre de bien comprendre le caractère unique et la diversité des jeunes. En dépit du fait que les jeunes sont conscients des diverses étiquettes qu'on leur attribue, la connaissance de leur personnalité est un processus dynamique traduisant une vie remplie d'expériences et de connaissances, et sensible au contexte. Les sous-thèmes liés aux divers éléments du concept de soi des jeunes immigrantes sont le moi dynamique, le moi silencieux, l'identité culturelle, les modèles de comportement féminins et les aspirations futures.

Le moi dynamique
Voici les conclusions auxquelles nous sommes arrivées à l'issue des discussions engagées avec les jeunes immigrantes sur leur culture, leur identité et les différences entre le sexes compte tenu du contexte dans lequel elles vivent.

Identification
Lorsqu'elles se sont présentées au début des rencontres, les jeunes immigrantes ont fait mention de leurs antécédents culturels, des langues qu'elles parlent et de leurs intérêts. Par exemple, lorsqu'elle a abordé un élément de son identité culturelle en disant qu'elle venait de la Corée et parlait le coréen, P1 a mentionné qu'elle s'intéressait à la musique vocale. P4 a parlé de ses aspirations futures et s'est décrite comme une personne créative, ce qui renforce le concept selon lequel les participantes ne sont pas seulement des « immigrantes », mais, comme tous les autres jeunes, possèdent d'autres traits de personnalité, dont les aspirations futures et la créativité, qui vont au-delà du simple fait d'être dans un nouveau pays :

Je viens de la Corée et j'ai maintenant 17 ans. J'étudie la musique vocale.
Je parle coréen à la maison et j'habite ici depuis trois ans (P1, GR1).

Je vais bientôt avoir 18 ans et je viens de Macao.... Je m'intéresse à la
psychologie et c'est dans ce domaine que je veux étudier. Je suis une
personne créative (P4, GR1).

Au cours des échanges, les élèves ont parlé de changer leur nom ou d'avoir deux noms et de choisir de nouveaux noms moins difficiles à prononcer pour les « Canadiens d'origine ». Cette volonté d'angliciser son nom et ses conséquences sur le concept de soi mérite qu'on s'y penche davantage. C'est en quelque sorte un moyen de s'intégrer plus facilement à la culture générale et peut-être aussi de se faire accepter plus facilement par celle-ci. Compte tenu des signaux que les jeunes immigrantes reçoivent de l'environnement, elles s'engagent dans une activité qui relève plus de l'assimilation que de l'intégration. Selon Berry (1990; Berry et coll. 1989), l'assimilation et l'intégration ont des conséquences différentes. Dans son modèle d'acculturation bidimensionnel, Berry définit quatre modes d'acculturation (intégration, assimilation, séparation et marginalisation) chez les personnes et les groupes vivant dans des sociétés multiculturelles. L'intégration « signifie le maintien de l'intégrité culturelle du groupe, ainsi que la mesure prise par le groupe pour faire partie intégrante du cadre social général » [traduction libre] (Berry et coll. 1989: 188). Lorsque l'identité culturelle n'est pas préservée et que les relations avec l'ensemble de la société sont jugées importantes, il y a assimilation. L'assimilation survient « lorsqu'un groupe non dominant est incorporé dans un groupe dominant établi ou lorsque de nombreux groupes se joignent pour former une nouvelle société selon le principe du creuset » [traduction libre] (Berry et coll. 1989: 187). Les jeunes changent de nom pour faciliter leur appartenance, ce qui, paradoxalement, confirme leur différence et le sentiment que leur nom, élément de leur identification, n' « appartient » pas à la culture canadienne. Changer de nom dans le but de cadrer avec la société soulève cependant une question : quel en sera l'impact sur la personnalité, particulièrement sur l'identité et l'estime de soi?

Il est intéressant de constater qu'au cours de la rencontre avec les enseignants, l'une d'eux a dit avoir elle-même été gênée de son nom « de consonance ethnique », ce qui nous ramène à la question soulevée lors de la rencontre avec les élèves concernant le changement de nom et l'adoption d'un nom canadien.

Je suis Canadienne de première génération, Finlandaise, la Finlande, ça
vous dit quelque chose?(rire). Et... euh... j'ai grandi à _____ quand c'était
encore un petit village. Euh... c'était dans les années 50 et je me souviens
d'une affaire qui s'était passée là-bas une fois à propos de noms, de noms de
personnes et de la manière de les prononcer, et je disais aux gens dans ce
temps-là que je haïssais mon nom, _____, même la moitié des professeurs
n'étaient pas capables de le prononcer (E5, ALS, GR).

Une jeune participante (P8, GR3) a fait remarquer qu'elle aime mieux qu'on l'appelle par son nom original et que si on l'appelle par son nom anglais, elle se sent forcée de parler anglais. Cela nous porte à croire que les jeunes filles se sentent coincées entre l'adoption

d'une identité reflétant la nouvelle culture et l'adoption d'une identité leur permettant de préserver leur culture originale.

Comparaisons avec les jeunes Canadiennes d'origine
Nous avons demandé aux jeunes immigrantes si elles trouvaient qu'il y avait beaucoup de différences entre les filles qui ont immigré et celles qui sont nées au Canada. L'une des participantes trouve que les Canadiennes sont plus sûres d'elles parce qu'elles sont dans leur pays d'origine et qu'elles peuvent facilement s'exprimer en anglais. Elle a également dit que les Canadiennes se sentent fières et meilleures que les immigrantes, ce qui peut provenir du fait que les jeunes immigrantes se sentent victimes de préjugés à leur endroit.

> *Premièrement, c'est sûr qu'elles sont au Canada. Donc, les Canadiennes qui voient les filles des autres pays se sentent fières parce qu'elles peuvent parler en anglais. Et elles pensent qu'elles sont meilleures que ces filles-là [les immigrantes] parce qu'elles ont immigré* (P8, GR3).

Lorsque nous leur avons demandé si elles pensaient que les Canadiennes d'origine avaient les mêmes problèmes qu'elles, l'une des participantes a soulevé un point important en répondant que cela dépendait de ce qu'elles considéraient comme important. Une autre a dit que c'était difficile de savoir, mais que cela pouvait être différent à cause des différences culturelles.

> *Parce que c'est une culture différente, qu'elles ont grandi dans un endroit différent et qu'elles ont rencontré des gens différents. Donc, ça devrait être tranquille, ça devrait être différent* (P2, GR4).

Quelques-unes d'entre elles étaient d'avis que les Canadiennes d'origine ressentaient les mêmes craintes et éprouvaient les mêmes difficultés qu'elles, en mentionnant qu'à certains égards, les jeunes immigrantes se sentaient liées aux jeunes Canadiennes d'origine et à leur situation en tant qu'adolescentes. Lorsque nous leur avons demandé ce qui permettait aux adolescentes de se sentir bien avec elles-mêmes, elles ont soulevé certaines ressemblances quant aux situations vécues. Par exemple, plusieurs ont mentionné que l'apparence (y compris la tenue vestimentaire) avait une influence sur la confiance en soi.

> *C'est que tu vas avoir confiance en toi, tu vas te sentir bien, parce tu te sens capable de parler aux autres, tu te penses assez bonne pour faire des choses, tu n'as pas peur, j'veux dire* (P4, GR4).

La dernière affirmation venait d'une adolescente dont la tenue vestimentaire et le maquillage reflétaient un niveau d'assimilation plus élevé à la culture des jeunes Canadiennes d'origine. Les réponses au questionnaire de l'étude faisaient également mention de l' « apparence » et du « sens de la mode » parmi les facteurs favorisant l'estime de soi. En se préoccupant de leur apparence, comme le font les jeunes nord-américaines sous l'influence de la culture populaire occidentale et des médias, les jeunes immigrantes sont confrontées, à cet égard, aux mêmes pressions sociales que leurs camarades.

Comparaisons avec les jeunes immigrants

Nous avons demandé aux jeunes immigrantes si elles croyaient que les garçons et les filles avaient vécu les mêmes situations suite à leur arrivée au Canada. Certaines d'entre elles pensent que oui, parce qu'ils sont tous de nouveaux immigrants, établissant ainsi un lien entre l'expérience qu'elles ont vécue sur le plan de l'intégration et celle qu'ont vécue les garçons compte tenu du nouveau statut d'immigrant qu'ils ont acquis. Par exemple, les filles croient que les garçons ont eux aussi eu des problèmes à apprendre la langue et à se faire des amis après leur arrivée au Canada.

> *C'est sûr que, comme nous, ils ne connaissent pas l'anglais et qu'ils ont peur de le parler, donc ils pourraient avoir peur de dire quelque chose* (P7, GR3).

> *Ils ont de la difficulté à se faire des amis comme les filles. Peut-être que les Canadiens ne veulent pas être amis avec les immigrants* (P10, GR3).

Un des parents interrogés était d'avis qu'il y avait des ressemblances entre les filles et les garçons concernant l'estime de soi et l'image corporelle.

> *Les problèmes vont être les mêmes. Parce que vous savez, tous les humains ont besoin d'avoir une bonne estime de soi, j'ai besoin d'avoir une bonne estime de soi en tant qu'être humain, j'ai besoin de me sentir bien dans ma peau et donc, je crois que le problème est le même pour tout le monde. Je ne serais pas surprise de voir qu'il y a beaucoup de garçons aujourd'hui qui veulent bien paraître, qui veulent être bien habillés, qui veulent être comme les autres, c'est à cause de la culture, c'est matériel* (PA3, EP2).

Cependant, certaines perçoivent des différences entre les sexes. Alors qu'une élève a dit que les garçons avaient également des craintes, qu'il y en avait aussi qui avaient peur des insectes et des fantômes, une autre était d'avis que les garçons étaient plus forts.

> *Même s'ils [les garçons] ont peur de monter sur scène, mettons, c'est juste parce qu'ils sont plus forts* (P8, GR3).

L'opinion de P8 à l'égard des garçons nous amène à penser qu'elle croit que les garçons sont plus sûrs d'eux. Cette même élève a laissé entendre que les garçons étaient plus concentrés, qu'ils se fixaient des buts et qu'ils les suivaient jusqu'au bout, tandis que les filles abandonnaient si elles trouvaient que c'était « vraiment dur à faire ». Une autre, par contre, a fait remarquer que même si les garçons semblent prendre plus de risques, les filles sont plus minutieuses et font plus attention, ce qui donne des résultats positifs.

> *Je pense qu'on fait plus attention que les garçons. Comme quand je fais des graphiques d'ordinateur, mon ami qui me montre comment faire, c'est un gars ok, et bien souvent il n'est pas capable de trouver l'erreur, mais les filles trouvent l'erreur tout de suite* (P7, GR3).

Lorsque nous avons demandé aux parents de nous dire s'ils trouvaient qu'il y avait des différences entre les jeunes immigrantes et les jeunes immigrants, une mère a répondu qu'elle ne traitait pas sa fille différemment de son garçon, mais, que dans d'autres familles, les attentes étaient souvent différentes à l'endroit des filles. Elles a affirmé que, dans certains cas, les filles n'avaient pas le droit d'aller où elles voulaient, par exemple, qu'elles devaient rentrer tout droit chez elles en revenant de l'école. Elles devaient aussi aider aux tâches ménagères.

> *Et c'est elle qui devait emmener sa petite soeur à la garderie, pas son frère. Et... euh... le soir, quand elle revenait, sa mère travaille le soir, donc, elle devait faire à souper pour son père et son frère, laver la vaisselle et tout le reste. Elle était très fatiguée de ça et ses notes n'étaient pas bonnes à l'école et, donc, le directeur a appelé chez eux. Donc, c'est ce genre de problème-là* (PA1, EP1).

Les rôles multiples que jouent les filles, dont leurs responsabilités quant aux tâches ménagères, souvent associées à des concepts plus traditionnels des rôles sexuels (et peut-être contraires à ceux du nouveau pays de résidence), faisaient partie des différences perçues entre les jeunes immigrantes et les jeunes immigrants.

Le moi silencieux

Au cours des discussions engagées dans l'un des groupes de réflexion auxquels participaient les élèves, certaines ont émis des commentaires sur la façon dont elles faisaient parfois semblant, en raison de leur difficulté d'apprentissage de l'anglais et comme stratégie d'adaptation, de ne pas être présentes pour ne pas avoir à se retrouver devant une situation où elles étaient incapables de bien converser en anglais avec d'autres et de leur répondre avec les bons mots.

> *Nous gardons le silence, nous faisons semblant de ne pas être là, donc personne ne nous remarque ou quelque chose du genre. Au début, c'est sûr qu'on ne parle pas bien l'anglais, donc personne ne veut nous parler. En fait, même s'ils ne veulent même pas nous parler, on ne veut pas leur répondre. Parce qu'on se trompe et ils vont rire de nous, donc on se tait* (P7, GR2).

Un enseignant au programme d'anglais langue seconde a indirectement abordé le cas des jeunes immigrantes qui préfèrent se taire. Lorsqu'elles sont confrontées à une situation où elles ont du mal à comprendre, certaines filles hésitent beaucoup à parler.

> *Ce n'est pas seulement une question de comprendre des mots de vocabulaire, c'est la crainte de ne pas être capable de répondre à la question. Qu'est-ce qui va arriver si j'ouvre la bouche* (T1, ALS, GR)?

Le mutisme utilisé comme stratégie d'adaptation, même pour éviter une situation, nous amène à nous demander s'il est efficace sur une période prolongée et s'il influe sur l'image et l'estime de soi des jeunes immigrantes. L'une d'elles en particulier s'est montrée plus à l'aise devant ce

genre de situation. Elle n'a pas eu recours à cette stratégie du mutisme et c'est avec assurance qu'elle engageait des conversations, posait des questions et exprimait son opinion.

> *Moi je parle aux autres. Même si je ne comprends pas, je leur demande. Après, ils me parlent avec des mots plus faciles pour que je comprenne* (P8, GR2).

Il est à noter que cette affirmation venait de la plus jeune des participantes (15 ans), qui, tout au long des rencontres, a pris part aux échanges avec beaucoup d'assurance, peut-être en raison de sa capacité de s'exprimer en anglais mieux que les autres participantes. La barrière de la langue, abordée ci-contre, a d'ailleurs fait l'objet de nombreuses discussions.

L'identité culturelle
La notion d'identité culturelle est ressortie plusieurs fois au cours des échanges lorsqu'il était question de fierté ethnique, du sentiment d'appartenance au pays d'origine et du sentiment de non-appartenance à la culture canadienne. Par exemple, dans les affirmations suivantes, les jeunes immigrantes manifestent un sentiment d'appartenance à leur pays d'origine et une préférence pour ce pays.

> *Mais j'aime mieux la Chine qu'ici (beaucoup de rires)* (P10, GR2).

> *C'est pareil pour moi. J'aime mieux la Russie. J'ai encore beaucoup d'amis et de membres de ma famille là-bas* (P9, GR2).

Cette préférence, par contre, semble liée aux sentiments des jeunes filles vis-à-vis d'elles-mêmes au Canada. C'est-à-dire que certaines barrières (comme la difficulté de s'exprimer en anglais) les ont amenées à avoir la nostalgie de leur pays d'origine où elles se sentaient acceptées, étaient plus à l'aise avec elles-mêmes et, par conséquent, se portaient mieux et appréciaient plus la vie qu'elles menaient.

> *Je pense que c'est plus facile de vivre là-bas. [Toutes les filles du groupe étaient d'accord.] Parce que c'est ta langue, ta personnalité, tout le monde pense comme toi, c'est pour ça* (P8, GR2).

En partie dû à l'incapacité de s'exprimer en anglais comme elles le voudraient, les jeunes immigrantes avaient l'impression de ne pas appartenir à leur nouveau pays de résidence. Le sentiment de nostalgie à l'égard de leur pays d'origine était également associé aux bons moments qu'elles avaient vécus avec leurs amis là-bas, à l'amitié qu'elles entretenaient toujours avec eux et au regret de ne pas vivre la même chose au Canada. Oeuvrant auprès des jeunes immigrants en milieu scolaire, les spécialistes en intégration avaient perçu cette nostalgie et ce sentiment de non-appartenance chez les élèves, surtout au cours des premiers mois d'adaptation aux nombreux changements.

> *Pour beaucoup d'entre elles, c'est la seule chose à laquelle elles pensent dans les premiers mois, elles veulent s'en retourner* (T2, rencontre avec les travailleurs du SEPT).

Elles sont marginalisées, elles ont besoin d'être acceptées par tous les élèves de l'école (T1, rencontre avec les travailleurs du SEPT).

Les jeunes immigrantes prenant part à l'étude s'adaptaient à la culture canadienne à différents niveaux, ce qui confirme l'affirmation selon laquelle les jeunes immigrantes constituent un groupe hétérogène dont les membres vivent des problèmes d'intégration semblables, mais se distinguent sur le plan des intérêts, des ressources et des circonstances. Par exemple, lorsque nous avons parlé de danse, l'une des participantes (P7) a dit qu'elle s'intéressait à la fois à la danse coréenne et à la danse européenne, tandis qu'une autre (P10) s'opposait fermement à toute forme de danse qui lui rappelait ses antécédents culturels.

Malgré les problèmes auxquels elles sont confrontées (comme l'apprentissage d'une nouvelle langue, la nostalgie du pays d'origine), les jeunes immigrantes désiraient en apprendre davantage sur le Canada et son mode de vie. Par exemple, l'une d'elles, dont la tenue vestimentaire et le maquillage reflétaient un niveau d'assimilation plus élevé à la culture des jeunes Canadiennes d'origine, était d'avis que l'on cessait d'être un immigrant quand on s'habituait à vivre au Canada. Quand nous leur avons demandé de nous dire ce qui pourrait aider les jeunes immigrantes à se sentir bien avec elles-mêmes, une autre a suggéré que l'on organise plus d'activités à l'école pour apprendre à connaître le Canada.

On devrait avoir plus de sorties éducatives... Ça nous donnerait la chance de poser des questions et d'en savoir plus sur le Canada (P6, GR1).

Cette suggestion traduit le désir de se prendre en main par le biais de l'information et de la connaissance. L'expansion de programmes qui apprennent aux jeunes immigrantes à parler l'anglais et la mise sur pied d'activités parascolaires en dehors de l'école (comme les sorties éducatives), leur permettant de découvrir divers aspects du Canada et du mode de vie des Canadiens, peuvent les amener à se sentir « acceptées » dans leur nouveau pays de résidence.

Modèles de comportement féminins

Lorsque nous avons interrogé les parents, ceux-ci ont fait mention de l'influence des modèles de comportement féminins sur le développement de l'estime de soi chez les jeunes filles. En tant que parent, PA3 avait elle-même été influencée par d'autres femmes fortes dans sa vie, dont une enseignante de son conseil scolaire lorsque PA3 était enfant, ainsi que sa mère.

Mais j'avais comme modèle une dame qui avait deux fils et était afro-américaine... c'était une femme très forte... Je me rappelle aussi des qualités de ma mère, nous n'avons pas passé beaucoup de temps ensemble, mais quand nous pouvions, ma mère est une femme très forte, très, très autoritaire, très forte, et elle dirait tu dois être forte quand quelque chose arrive. Elle disait tout le temps ça, même quand t'étais malade, elle disait d'accord tu prends tout ce que tu as besoin quand t'es malade, mais sois forte, si tu es faible, ça t'affaiblira plus, vous savez, c'est ça que je dis toujours à mes enfants (PA3, EP2).

Tout au long de notre conversation avec PA3, il devenait évident qu'elle était un modèle suivi par ses filles, ce qui renforce la communication parents-enfants et favorise leur épanouissement. Par exemple, lorsque nous avons parlé avec l'une de ses filles sur l'établissement de nouvelles amitiés suite à leur immigration au Canada, PA3 a demandé à sa fille de réfléchir à ce qu'elle voulait être, une suiveuse ou une meneuse. Selon PA3, discuter des problèmes avec ses enfants était une partie essentielle et importante du rôle parental. Mère célibataire qui, à plusieurs reprises, a immigré dans différentes parties du monde, dont l'Asie, l'Europe et le Canada, PA3 était fière du rôle de parent qu'elle jouait auprès de ses trois filles. Tout au long de l'entrevue avec la chercheuse, elle a démontré beaucoup d'enthousiasme en donnant son opinion sur le développement d'une estime de soi positif chez les jeunes filles. À cet égard, elle a souligné l'importance du dialogue entre les parents et leurs filles dès le bas âge. PA3 était d'avis que le rôle parental était un art qui, comme tout autre art, nécessite de la pratique, des ajustements et un apprentissage tout au long du processus d'éducation des enfants, dont le développement de l'estime de soi faisait également partie en tant que rôle parental.

> *Vous voyez, le plus important, peu importe la situation, c'est la relation que vous entretenez avec vos enfants, c'est de savoir jusqu'à quel point vous connaissez vraiment vos enfants, comment s'est passée leur journée, tout ça... [En tant que parent,] vos antécédents culturels n'ont pas d'importance, l'estime de soi doit faire partie de votre vocabulaire... Vous savez, c'est dans toutes les cultures, dans tous les dictionnaires, c'est ce que je dis, ça n'importe pas que ce soit fait de telle ou telle manière, vous devez trouver un moyen pour que votre enfant se sente bien et fort (PA3, EP2).*

Lors de notre entretien avec PA2, elle a également fait mention du modèle de comportement qu'empruntent les filles après avoir observé leur mère. Lorsque nous lui avons demandé jusqu'à quel point le fait de parler avec un accent créait une barrière qui amenait la personne à se tenir à l'écart et à se sentir différente, PA2 a répondu qu'elle était fière de son accent et ne ressentait pas le besoin de le changer.

> *Je pense que beaucoup de gens se sentent comme ça et c'est pour ça qu'ils ont peur de parler, à cause de leur accent. Mais moi je vois ça d'une autre façon... Il y a des personnes importantes qui ont un accent et moi je crois, vous savez, que c'est une très grande qualité, donc, je suis très à l'aise avec ça et je ne veux pas changer, je veux avoir un accent (PA2, EP1).*

Il ne fait pas de doute que l'estime de soi positif des mères est un bel exemple à donner à leur fille. Dans un contexte où le fait de se sentir différente des autres jeunes filles (p. ex. en raison de sa race, de sa manière différente de parler l'anglais, de son statut d'immigrante) peut avoir une influence sur l'estime de soi, les parents peuvent se révéler de bons modèles de comportement. Les parents ont besoin de l'appui des systèmes afin de passer suffisamment de temps avec leur fille et, en dialoguant régulièrement avec elle, l'aider à surmonter la discrimination et les préjugés dont elle peut être victime parce qu'elle se sent différente.

Aspirations futures

Comme elles l'ont fait en répondant au questionnaire de l'étude, les jeunes filles ont, à l'intérieur des groupes de réflexion, fait mention de leur désir de réussir leurs études secondaires. Cet objectif était pour elles important et indispensable à la poursuite d'un plan de carrière et d'études supérieures. L'une d'elles a simplement résumé comme suit :

> *Travailler fort pour bien réussir plus tard* (P9, GR2).

La réussite scolaire et professionnelle est un enseignement que les participantes ont reçu de leurs parents et de la culture prédominante de leur pays d'origine où elles ont vécu avant d'immigrer au Canada. Par exemple, tout en parlant du système scolaire de la Corée, l'une d'elles a fait mention des attentes de son pays d'origine quant aux études universitaires.

> *On étudie parce qu'on doit aller à l'université. En Corée, l'université, c'est très important, il faut y aller* (P7, GR2).

La plupart des jeunes immigrantes ayant participé à l'étude entrevoient leur avenir avec optimisme et aspirent à la réussite sur le plan scolaire et professionnel. Leurs intérêts sont variés : les affaires, l'infographie, la musique, la médecine et la psychologie en font partie. Les jeunes filles ont souvent procédé par étapes (p. ex. suivre des cours particuliers à l'école et des cours privés) pour préparer leur avenir et atteindre leurs objectifs futurs. La plus jeune d'entre elles surtout se disait confiante qu'en poursuivant ses études dans un collège de renommée mondiale où l'on enseigne les arts, elle deviendrait une pianiste très en demande.

La langue

Le thème de la langue a été abordé régulièrement tout au long des échanges. Comme nous l'avons mentionné dans la section précédente sur le concept de soi, les jeunes immigrantes ne considéraient pas que la capacité de parler l'anglais avec ou sans difficulté était dissimulée derrière leurs aptitudes ou limitée à leur réussite scolaire. Elle avait une influence sur leur estime de soi dans une société où l'anglais est prédominant et nécessaire pour réussir sur le plan scolaire et professionnel, se faire des amis et ressentir une appartenance à leur nouveau pays de résidence. L'une des participantes a fait remarquer que dans un nouveau pays, on ne se sent pas aussi bien que dans le pays d'origine, à cause de la barrière de la langue, de la difficulté de communiquer ses pensées et ses sentiments et de l'incapacité d'établir des relations avec d'autres, ce qui peut amener la personne à s'isoler.

> *Donc personne sait ce que tu... ce que tu ressens* (P4, GR1).

La connaissance de la langue avait, selon elles, une incidence sur les résultats scolaires, qui, à leur tour, influaient sur l'estime de soi des jeunes filles. L'obtention de mauvaises notes, due à leur niveau de connaissance de l'anglais, les amenait à se déprécier. À un stade de leur développement où les groupes d'amis sont importants, la barrière de la langue restreignait également la possibilité de se lier d'amitié avec les jeunes Canadiens d'origine.

> *Je pense qu'elles sont contentes de nous parler, mais on n'est pas capable de bien leur répondre, ok. Donc, elles ne nous posent plus de questions, des choses comme ça. Je pense que _____ a dit que les gens, ils ne veulent pas nous parler parce que ces mauvaises personnes (?) ne font même pas 10 % de l'école. Je pense que si tu comprends la phrase et tu peux y répondre, ils vont te parler, je pense (P7, GR2).*

Deux participantes ont dit qu'elles avaient peur d'être obligées de parler anglais devant un groupe, par exemple, quant il y a des présentations devant la classe. Elles craignaient de ne pas bien parler l'anglais. Elles se sentiraient plus en confiance si elles faisaient leur présentation dans leur langue maternelle ou devant des amis. Compte tenu de leur niveau de connaissance de l'anglais et du contexte, elles étaient incapables de faire leur présentation avec assurance devant leurs camarades de classe qui les écoutent et les regardent attentivement. Elles avaient peur de dire des choses incorrectes et de faire des fautes.

> *Ouais, ça c'est la première affaire, l'autre affaire, c'est qu'on ne connaît pas beaucoup de gens. Comme, si je dis coréenne, alors je connais tout le monde dans la classe, ok. Mais si je suis dans une classe où ça parle anglais, je ne connais pas la majorité des gens. Et si je ne connais pas la majorité des gens, alors qu'est-ce qui va se passer si je fais des fautes. C'est de ça que j'ai le plus peur (P7, GR3).*

Étant donné leur difficulté de parler l'anglais et leur sentiment de non-appartenance à leur nouveau pays de résidence, nous avons demandé aux participantes de nous dire ce qui contribuerait à accroître l'estime de soi des jeunes immigrantes. Deux d'entre elles ont répondu que les cours d'anglais langue seconde étaient importants. Une autre, qui était d'origine russe et allait à une école qui ne comptait pas beaucoup d'élèves de la même origine qu'elle, a suggéré que les élèves étrangers qui parlent la même langue soient placés dans des classes différentes pour ainsi les inciter à parler en anglais.

> *Ben... les cours d'anglais langue seconde. Sauf qu'on devrait séparer les gens pour qu'ils parlent anglais au lieu de leur langue à eux. Ça serait mieux. Tu pourrais apprendre plus vite. C'est sûr (P9, GR3).*

Cependant, comme nous en parlerons dans la section suivante sur les relations et les amis, certaines participantes ont souligné que les jeunes qui parlaient la même langue qu'elles ont été d'une aide précieuse surtout quand elles venaient à peine d'arriver au Canada. De plus, celles qui parlaient souvent plusieurs autres langues se sentaient fières de pouvoir le faire. Lorsqu'elles parlaient de leurs antécédents culturels, les participantes disaient qu'elles pouvaient lire dans leur langue d'origine. Leur capacité de parler dans leur langue d'origine était pour elles une source de fierté culturelle et un atout.

> *Je parle le russe, l'ukrainien, l'anglais et quelques mots de français (P9, GR2).*

> *Je parle le mandarin, le cantonais, l'anglais et le foukien (P10, GR2).*

On parle plus de langues que d'autres (P8, GR2).

Les jeunes immigrantes croyaient ne pas bien parler l'anglais et c'était pour elles une préoccupation énorme. Comme certaines d'entre elles parlent une ou plusieurs langues autres que l'anglais, elles peuvent tirer profit d'une société qui reconnaît l'avantage qu'elles ont de pouvoir parler plusieurs langues et qui ne tient pas compte uniquement de leur connaissance restreinte de l'anglais, permettant ainsi d'améliorer leur confiance en soi.

Les relations

Comme nous l'avons mentionné dans la section sur l'estime de soi et d'après ce que nous ont révélé les questionnaires, les relations sont un facteur favorable à l'estime de soi, mais créent parfois des problèmes. Le sentiment d'être lié à d'autres contribue à promouvoir l'estime de soi comme le fait remarquer l'une des participantes.

Je suis celle qui peut rendre d'autres gens heureux (P8, GR2).

Les participantes ont également souligné que les relations avec les parents et les amis avaient une influence importante sur la vie des jeunes immigrantes.

Les parents

Les jeunes participantes admettent que le fait de communiquer ouvertement avec leurs parents les aidait beaucoup. L'une d'elles a déclaré qu'elle et son père avaient amélioré leur façon de communiquer. Elle a découvert que le fait de pouvoir communiquer ouvertement avec son père avait eu une incidence positive sur sa vie et suivait les conseils de son père.

Et parce que ça fait longtemps que je vis avec mon père, et bien pour lui, je suis juste... il est comme mon ami et je peux lui parler de n'importe quoi, donc je ne m'en fais pas. Mes amis, ils me disent dis pas tout à ton père, comme tu sors avec un gars ou d'autre chose, tu peux pas parler d'eux autres à tes parents parce qu'ils te disent toujours quelque chose de mal, mais mon père, il sait tout sur moi. Parce que je pense qu'ils ont plus d'expérience et qu'ils peuvent m'aider, ces choses-là sont mieux que celles que les adolescents, que mes amis peuvent me donner. Peut-être qu'à un moment donné, je vais parler à mes amis en premier. Je n'ai pas peur de lui parler, c'est ça (P2, GR4).

Une autre participante a appuyé le point de vue de P2 en disant qu'elle trouve également important de communiquer avec ses parents et suit leurs conseils.

Je pense que quand je parle à mes parents, je me sens bien avec moi-même (P1, GR4).

Même pour celle qui, dans le groupe, était la dernière à arriver au Canada (P3 vivait au Canada depuis presque un mois au moment des rencontres avec les jeunes immigrantes), la

communication avec les parents était un élément important du processus d'intégration. Elle était de cet avis malgré le fait que ses parents n'habitaient pas au Canada.

> *Je suis, comparée à d'autres élèves, je suis très libre ici parce que je n'ai pas de parents qui me contrôlent. Mais... euh... je pense que je peux me contrôler moi-même très bien. Et... euh... même si je suis ici et que mes... même si mes parents sont très loin de moi, j'ai quand même besoin... besoin de leur appui et de leur encouragement. Et donc... euh... je les appelle toutes les semaines et après, je me sens toujours mieux, parce que... euh... parce que ça fait seulement un mois que je suis ici (P3, GR4).*

Les participantes ont ajouté que le fait de communiquer ouvertement avec leurs parents posait aussi des problèmes. Elles se trouvaient souvent en conflit avec leurs parents en raison de l'écart entre les générations, ainsi que de l'incompatibilité entre la culture et les attentes de leur pays d'origine, et celles du Canada.

> *Je pense que les adolescents... comme nous très jeunes et on arrive ici, mais nos parents sont vieux, pas qu'ils sont vieux, mais qu'ils ont grandi avec leur culture pendant beaucoup d'années, ils ne peuvent pas vraiment changer. Mais quand on arrive ici, on est affecté par la culture d'ici, mais eux ils ne sont pas aussi affectés que nous autres donc des fois, il y a des conflits... ils ne changent pas du tout (P2, GR1).*

Les problèmes associés aux différences culturelles entre le pays d'origine et le nouveau pays ont également été soulevés lors des rencontres avec les parents. Selon PA3, les parents doivent respecter les valeurs culturelles qui leur ont été inculquées et tenter de les transmettre à leurs enfants. C'est le cas notamment d'un parent, PA3, qui a discuté de la question avec sa fille alors que celle-ci lui posait de nombreuses questions concernant sa tenue vestimentaire.

> *Et donc je dois lui parler... attirer son attention sur mes valeurs culturelles, ma culture, cette culture qui m'a été transmise... Je dois faire beaucoup d'efforts quand je discute de toutes ces choses (PA3, EP2).*

Lorsqu'elle a parlé de sa participation à des ateliers s'adressant aux parents à Vancouver, PA3 a fait remarquer que les parents doivent être prêts à améliorer leurs compétences parentales et, tout en préservant leurs valeurs culturelles, ils doivent également tenir compte du fait qu'ils élèvent leurs enfants dans un nouveau milieu. Ils doivent, par conséquent, admettre que les deux cultures, l'ancienne et la nouvelle, reposent sur des valeurs solides.

> *Je ne peux pas élever mes enfants comme j'ai été élevée là-bas parce que je suis dans un milieu totalement différent. C'est ce que les parents devraient comprendre (PA3, EP2).*

L'une des participantes, P2, a également admis que les parents doivent changer leur façon de penser, faisant mention de la source du conflit de générations (c.-à-d. les sorties avec des garçons) et le changement de mentalité de ses parents à cet égard.

Parce qu'ils pensent que quand tu sors avec un garçon, ça t'empêche d'aller à l'école, d'avoir de bonnes notes et de te concentrer sur tes études. Donc ils ne te laisseront pas faire parce qu'ils pensent que t'es trop jeune pour sortir avec des gars. Quand j'aime... j'étais... quand j'étais petite et que je sortais avec des gars et qu'ils le savaient, ils ne me donnaient pas la permission. Mais plus tard, quand je suis devenue plus grande, ils l'acceptaient, parce qu'ils pensent que je suis assez vieille et je vais... ça va bien à l'école, donc, ouais, ils n'ont pas de problème avec ça (P2, GR4).

Les normes dictées par la culture nord-américaine relativement aux relations entre garçons et filles peuvent aller à l'encontre des normes et des valeurs culturelles d'origine des parents immigrants. Il est intéressant de constater que, dans le cas précédent, le conflit émanait du fait que les parents craignaient que les relations de leur fille avec des garçons aient une incidence négative sur ses résultats scolaires. Chez certains groupes ethnoculturels, les adolescentes peuvent avoir à respecter des règles plus strictes que leurs frères ou amis en ce qui a trait aux sorties avec un garçon ou une fille, ce qui peut entraîner un conflit permanent entre les jeunes filles et leur famille, alors que celles-ci se voient coincées entre les valeurs culturelles de leurs parents et de la collectivité, et celles de la société canadienne en général. Par ailleurs, malgré le fait d'avoir vécu dans la culture nord-américaine depuis des années et d'être exposés à des mentalités bien ancrées à l'égard des relations entre garçons et filles, les jeunes immigrants ou enfants d'immigrants peuvent librement choisir de respecter les valeurs culturelles du pays d'origine de leurs parents. Ils peuvent ainsi emprunter différentes voies pour affirmer leur identité. Ces choix peuvent parfois se rapprocher davantage des valeurs culturelles de la population dominante, parfois se rapprocher davantage des valeurs culturelles du pays d'origine. La prudence est alors de mise afin d'éviter les stéréotypes qu'entraîne l'application des valeurs culturelles de la population nord-américaine en général, et des hypothèses enracinées sur le développement normal des adolescents, à la situation des jeunes d'origines différentes.

Les amis

Les groupes d'amis exercent également une influence importante sur les jeunes immigrantes. Des discussions ont été engagées sur la poursuite de relations amicales, l'établissement de relations avec des jeunes de même culture et de même statut, ainsi que la difficulté de se faire des amis parmi les jeunes Canadiens d'origine, notamment en raison de la barrière de la langue. La connaissance de l'anglais était considérée comme un facteur important dans l'établissement de relations avec des jeunes d'origine canadienne.

Ouais, parce qu'on est quand même des élèves d'anglais langue seconde, ça nous arrive de ne pas être capables de bien parler l'anglais et là, peut-être que ceux qui sont nés au Canada ou ceux qui parlent l'anglais ne veulent pas vraiment nous parler, des fois ils le font, mais pas beaucoup (P2, GR1).

Les participantes considéraient que les sorties organisées par l'école, comme les sorties éducatives, sont un moyen de se connaître mutuellement et favorisent l'établissement de liens et de relations amicales. L'école pourrait organiser des sorties pour les jeunes immigrants,

leur permettant de partager leurs expériences, ou regroupant à la fois les jeunes immigrants et les jeunes Canadiens d'origine, leur donnant l'occasion d'établir des relations amicales. Les amis ayant les mêmes antécédents culturels qu'elles leur avaient été d'une aide précieuse lorsqu'elles sont arrivées dans leur nouveau pays de résidence, surtout durant les premiers mois où elles ne parlaient pas l'anglais. L'établissement de relations amicales les a aidées à se sentir plus à l'aise. Une élève, qui venait tout juste d'arriver au Canada, s'est dit soulagée de voir qu'à l'école, il y avait des élèves qui parlaient la même langue qu'elle.

> *En fait, je n'ai pas beaucoup d'expérience parce que je viens d'arriver. Oui, en effet, la première journée d'école, j'étais très nerveuse et je ne savais rien. Mais, une chance que dans l'école, il y a beaucoup, beaucoup de monde qui parlent le mandarin, ça fait que... euh... ça m'aide beaucoup (P3, GR1).*

La présence d'élèves / d'amis de même origine à l'école a ainsi un effet positif sur l'estime de soi des jeunes immigrantes. Parce qu'elles parlent la même langue et peuvent converser l'une avec l'autre, les nouvelles arrivantes ont quelqu'un sur qui compter pour les aider. Elles se sentent moins isolées. Les groupes d'amis en milieu scolaire peuvent mettre les nouveaux élèves en contact avec des élèves qui s'expriment mieux en anglais ou qui sont nés au Canada, ce qui facilite l'échange de connaissances et favorise la création de nouvelles amitiés.

Les problèmes liés aux systèmes

La notion de différence a été soulevée à maintes reprises lors des échanges où il a été question notamment du concept de soi, de la langue et des relations, thèmes abordés dans les sections précédentes. Lorsque nous avons discuté des problèmes liés aux systèmes, les participantes les associaient aux différences culturelles et au sentiment d'être différentes à l'intérieur du système scolaire. Les jeunes immigrantes estimaient qu'elles étaient différentes de leurs camarades d'origine canadienne parce qu'elles pensaient différemment, qu'elles n'avaient pas les mêmes valeurs, les mêmes habitudes, les mêmes croyances culturelles en général, ce qui, outre la barrière de la langue, pouvait poser un problème lorsqu'elles tentaient d'établir une relation amicale avec des élèves d'origine canadienne.

> *C'est comme s'il y avait une différence dans notre manière de penser. Comme en coréen... en Corée... ils pensent que la majorité des élèves doivent respecter leurs professeurs et tout ça, nous, on ne peut pas (P1, GR1).*

> *Je ne pense pas qu'il y ait une mauvaise ou une bonne culture, parce que c'est juste une culture différente, parce qu'en Chine ou en Corée ou au Japonais... au Japon, ils respectent les gens plus vieux et les professeurs, mais ici, tout le monde se croit tout permis, tout le monde défend ses droits, donc tu ne peux pas juste rester là et parler à ton professeur et tu n'as pas à te lever et les respecter quand même (P2, GR1).*

Certaines participantes croyaient qu'en étant perçues différemment, elles étaient également méprisées, ce qui les empêchait de se faire des amis parmi les Canadiens d'origine.

Ils ne parlent jamais, les Canadiens ne nous parlent jamais en fait (P9, GR2).

Les parents étaient conscients des comportements discriminatoires à l'égard des immigrants et encourageaient malgré tout leurs enfants à travailler plus fort et à réussir.

> *Ok, ma mère m'a déjà dit une fois que, comme on est des immigrants et qu'on vient du tiers monde, bien... quelque chose comme ça... on doit comme... travailler plus que les Canadiens ou les blancs. On va leur montrer qu'on peut faire mieux qu'eux autres donc on doit travailler plus fort et... euh... peut-être comme la plupart du monde, ils veulent être docteur, avocat, ils se trouveront comme... un bon emploi* (P2, GR4).

En plus de penser qu'elles devaient réussir, les participantes surmontaient les préjugés raciaux en reconnaissant que, fondamentalement, les gens sont tous les mêmes.

> *Et tu dois aussi te faire confiance, comme, qu'on est capable de le faire, comme on est... on est... on est pareil comme les autres et on est capable de faire la même chose qu'eux autres, comme il n'y a pas de différence entre être noir, blanc et jaune* (P1, GR4).

Toutefois, les comportements discriminatoires et les préjugés raciaux ont des conséquences sur le plan psychologique. Pour P2, ces comportements la rendaient triste.

> *Ça me rend triste un peu* (P2, GR4).

Elle allait chercher réconfort chez ses amis.

> *D'habitude, ça me faisait quelque chose sur le coup, puis après quelques heures peut-être, je ne m'en rappelais plus. Parce que mes amis autour me réconfortent, ils me racontent des histoires comme... pour aider à oublier* (P2, GR4).

Outre la difficulté de se faire des amis et de se faire accepter, la différence culturelle, racontait une mère, était un problème difficile à surmonter pour sa fille quant elle est arrivée au Canada.

> *Le principal problème était la différence culturelle et la manière dont les enfants s'habillent, la manière dont les enfants agissent, la manière dont les enfants... ce qu'ils mangent* (PA3, EP2).

En tant que parent, PA3 savait que sa fille se sentait différente à cause de l'environnement (y compris les autres jeunes et le milieu scolaire).

> *Elle se sent différente parce qu'il arrive parfois que les enfants la font se sentir différente. Vous savez, c'est sûr que ses cheveux sont différents, que la couleur de sa peau est différente de celle des autres enfants et qu'elle a un*

accent, elle n'a plus d'accent maintenant, ok, mais elle l'avait avant. Et, vous savez, on lui demande toujours d'où est-ce que tu viens (PA3, EP2)?

Dans les rencontres auxquelles ils ont participé, les parents et autres adultes ont souvent admis que les problèmes liés aux systèmes faisaient obstacle à la promotion de la santé mentale des jeunes filles. Lorsqu'elle a parlé des obstacles qu'avaient rencontrés ses filles à leur arrivée au Canada, de la difficulté de se faire des amis surtout, PA1 a fait mention de la différence de classes. Quant elle est arrivée au Canada, sa fille a eu de la difficulté à se faire des amis parmi ses camarades à l'école où elle allait à cause des différences de classes. PA1 et sa famille ont ensuite déménagé dans un autre secteur de Toronto où les différences entre cultures et classes étaient moindres.

La différence de classes doit donc être considérée comme l'un des obstacles auxquels font face certaines immigrantes durant leur période d'intégration au Canada. Elle peut résulter du sous-emploi de leurs parents et des membres de leur famille dont le niveau de scolarisation et les compétences professionnelles ne sont pas reconnus. Lorsqu'il a parlé des difficultés rencontrées par les parents quand ils arrivent au Canada et quant ils font face à des situations où leurs qualifications professionnelles ne sont pas reconnues et où ils doivent accepter de faire n'importe quel travail, un travailleur en intégration a fait remarquer que les enfants en subissent également les conséquences.

> *Parce que... je veux dire si vous... vous pensez que les enfants arrivent ici avec des parents qui sont docteurs et infirmières. Les parents doivent se résigner à travailler dans des usines, ils sont frustrés et cette frustration est aussi transmise aux enfants (S2, rencontre avec les travailleurs du SEPT).*

Contrairement à leurs frères et soeurs plus jeunes, les jeunes immigrantes ont atteint un âge où elles sont plus conscientes des obstacles à l'intégration de leur famille. Outre les problèmes auxquels elles sont elles-mêmes confrontées, les problèmes de leurs parents les touchent également.

> *Donc pour moi, c'est aussi important pour l'élève, parce que maintenant, c'est juste la mère et la fille, et la fille se préoccupe tout le temps de sa mère. La mère est à la maison, elle ne peut pas trouver de travail et tout ça. Non seulement a-t-elle des problèmes à s'intégrer dans le milieu scolaire et à se faire des amis et tout ça, mais la fille porte toujours tous les problèmes de sa mère sur ses épaules (S2, rencontre avec les travailleurs du SEPT).*

Le développement de l'estime de soi des jeunes immigrantes est donc tributaire de la situation familiale et des problèmes que rencontre la famille au cours de son établissement au Canada. Une gamme complète de services de soutien doit être offerte à tous les membres de la famille des jeunes immigrantes et des jeunes réfugiées, leur permettant de faire plus que d'atteindre les objectifs éducationnels traditionnels du système scolaire.

Les programmes d'études étaient parmi les problèmes soulevés relativement aux systèmes, de même que les connaissances qui s'y rattachaient sur le plan culturel (c.-à-d. les valeurs nord-

américaines). Lors de notre entretien avec les parents, il a été question du rôle que jouait le système scolaire dans la satisfaction des besoins des nouveaux arrivants. L'une des mères interrogées a souligné le besoin des programmes d'études de reconnaître et de favoriser l'acceptation des différences culturelles (PA1). Une autre a parlé de l'expérience qu'elle a elle-même vécue dans le système d'éducation canadien au niveau collégial, soulevant des points importants concernant l'adaptation des programmes d'études et des objectifs éducationnels aux cultures. Elle a établi une comparaison entre ses expériences relativement à deux programmes très différents. Le premier favorisait la diversité, la lutte contre le racisme et le développement des collectivités, et tentait d'en traiter. L'autre favorisait l'acquisition de connaissances qui, sur le plan culturel, étaient associées aux valeurs nord-américaines.

> *Maintenir le système tel qu'il est* (PA2).

Étant donné que les caractéristiques démographiques du Canada et sa population de jeunes continuent d'évoluer, les programmes éducatifs doivent avoir une portée globale et favoriser le multiculturalisme, les classes multiples, la lutte à l'oppression ainsi qu'au racisme.

Lorsque nous avons abordé la question de l'adoption de modèles de comportement, dont les enseignants de l'école, l'une des mères a convenu de l'importance d'avoir des modèles de comportement provenant de divers groupes culturels dans tous les systèmes, y compris le système d'éducation et le système de santé. En raison de leur connaissance des cultures, les travailleurs multiculturels ajouteraient, selon elle, de la valeur au système de santé.

> *Il y a une différence entre notre manière d'expliquer quelque chose et la façon que les infirmières l'expliquent* (PA1).

Elle a fait mention du rôle important que les services de soutien social, dont les services d'établissement, peuvent jouer dans la vie des nouveaux arrivants. Parlant d'une jeune fille ayant immigré seule à Toronto, PA1 a dit comment on l'avait aidée lorsqu'elle s'était retrouvée dans des situations qui, en bout de ligne, auraient pu avoir de graves conséquences sur sa santé physique et mentale.

> *J'avais une image claire, elle avait de la difficulté à s'adapter, elle ne pouvait pas manger, elle ne pouvait pas dormir... Oui, très jeune, 23 ans... Elle est arrivée seule, la première fois qu'elle partait de chez elle... Et elle est presque complètement devenue folle. Mais grâce à notre appui et à celui de ses amis... ouais on peut dire que ça l'a vraiment aidée à sortir [de la maison]* (PA1, EP1).

Au cours de cet entretien, PA1 a souligné le besoin de s'adapter aux différences culturelles, surtout dans le système de santé.

> *Même en santé mentale, il m'arrive effectivement d'accompagner mes patients à un hôpital de... et ce ne sont pas des personnes qui souffrent de troubles mentaux, mais ils ont quand même des problèmes. Et vous savez, peut-être qu'ils sont très calmes de nature et tout. Et puis il y a les*

> *questions... euh... avez-vous... pouvez-vous avoir des visions? Ressentez-vous le besoin de vous jeter... Non, non, non, non. Des questions comme ça, que vous connaissez. Et parfois le docteur et l'infirmière, ils ont vraiment... ils ne peuvent pas... C'est comme s'il agissait à cause du... à part du soutien social... du groupe de soutien social qu'il avait avant, à cause de ça, il change de personnalité des fois, mais ce n'est pas un signe ou un symptôme de maladie mentale (PA1, EP1).*

Dans cet exemple, ce qui était dû à l'absence de soutien social dans le nouveau pays de résidence a été interprété à tort par le système de soins de santé comme une maladie mentale. En outre, les troubles mentaux peuvent découler des pratiques insuffisantes du système et pas nécessairement des faiblesses de la personne. L'adaptation aux différences culturelles est un élément essentiel des systèmes de prestation de soins de santé et de services sociaux efficaces et responsables. Les professionnels de la santé et des services sociaux ont besoin d'une formation qui les sensibilise aux situations uniques que vivent les diverses populations d'immigrants et de réfugiés.

Outre les problèmes liés à des systèmes en particulier, dont le système d'éducation, le système de santé, les services sociaux et les services d'établissement, les comportements sociaux qui prédominent dans le pays d'accueil à l'égard des populations d'immigrants et de réfugiés peuvent avoir une incidence sur le sentiment de bien-être d'une personne, surtout sur son estime de soi dans le nouveau pays. L'une des mères a parlé des expériences qu'elle a vécues lorsqu'elle a immigré en Grèce, où la population a accepté son statut différent (que lui conférait son appartenance à une minorité visible), qu'elle considérait comme un atout, une qualité appréciable.

> *Je pense que je n'aurais pas eu la même attitude si j'étais venue au Canada directement de _____. Je suis sûre que, vous savez, ma structure mentale serait très différente. Mais je suis partie de _____ pour aller en Grèce quand j'étais plus jeune et, vous savez, j'ai été traitée... vous savez... je suis unique et, vous savez, quelque chose qu'ils protègent et qu'ils sont curieux, donc ça me fait sentir vraiment moi-même. Parce qu'en étant moi-même, c'était comme différent, et j'aime ça me sentir comme ça (PA2, EP1).*

Une autre mère a fait remarquer que c'était le système lui-même qui avait permis le développement d'un sentiment positif de soi chez les immigrants dans leur nouveau pays.

> *Le système lui a permis d'accroître son estime de soi, vous savez, pour qu'elle devienne ce qu'elle est... Le système joue vraiment un rôle très important (PA1, EP1).*

Questions se dégageant des conclusions de l'étude

Chaque année, le Canada accueille de nombreux immigrants, dont beaucoup sont des jeunes âgés entre 15 et 24 ans. L'adolescence est depuis longtemps considérée comme une période critique dans le développement d'une personne. Pour les jeunes immigrants, c'est une période

où ils doivent faire face à des problèmes semblables à ceux que vivent les adolescents d'origine canadienne (p. ex. le développement physique, la préoccupation de l'apparence), ainsi qu'aux situations uniques qu'entraînent l'établissement, l'adaptation et l'intégration (p. ex. le manque de connaissances en anglais). Par conséquent, de plus en plus de chercheurs sont d'avis qu'il est nécessaire de documenter les besoins uniques de ce sous-groupe d'immigrants et les services dont ils ont besoin afin d'aider les fournisseurs de services et les décideurs à prendre des décisions en faveur de l'élaboration de stratégies et de politiques efficaces (Kilbride et coll. 2000).

Les conclusions de cette étude révèlent la nécessité de tenir compte du rôle important des différences sexuelles dans le processus d'établissement des jeunes immigrants au Canada. Les jeunes filles qui ont pris part à l'étude ont admis que, malgré le fait que les jeunes immigrants sont confrontés à des problèmes semblables compte tenu de leur nouveau statut d'immigrant (p. ex. la difficulté de se faire des amis, de bien parler la langue), les situations n'étaient pas les mêmes chez les garçons et les filles. Par exemple, on percevait chez les garçons une plus grande assurance, on croyait qu'ils étaient plus forts et que leur famille était moins exigeante envers eux du fait qu'ils étaient des garçons.

En ce qui concerne le développement des adolescents, les conclusions de l'étude vont dans le même sens que les études actuelles (p. ex. Anisef et Kilbride 2000; Kilbride et coll. 2000; CCDS 2001) faisant état des principaux problèmes que vivent les jeunes immigrants (p. ex. recherche d'une identité, langue, relations). Par exemple, les jeunes filles ayant participé à notre étude ont parlé d'un sentiment de non-appartenance à la culture canadienne en raison de la barrière de la langue et de la perte d'anciens amis ou de la difficulté de se faire de nouveaux amis parmi les jeunes d'origine canadienne. Les jeunes filles considéraient que la barrière de la langue avait une incidence considérable sur divers aspects de leur vie (p. ex. leurs résultats scolaires, leur capacité d'établir des relations amicales avec les jeunes d'origine canadienne). Les relations avec leurs parents et amis pouvaient favoriser leur estime de soi (p. ex. le dialogue positif avec leurs parents permettait aux jeunes filles de se sentir bien avec elles-mêmes et le fait d'avoir des amis les aidait à avoir un sentiment positif de soi) ou y nuire (p. ex. l'absence d'amis, l'écart entre les générations et l'incompatibilité avec leurs parents sur le plan culturel).

Il a été important de constater que les stratégies d'adaptation qu'utilisaient les jeunes immigrantes pouvaient, à la longue, nuire à leur concept et leur estime de soi. Certaines anglicisaient leur nom, malgré le fait qu'elles aimaient se faire appeler par leur nom d'origine, d'autres s'enfermaient dans un mutisme (elles choisissaient de garder le silence, prétendant ne pas exister, afin d'éviter de parler l'anglais). Elles adoptaient ces stratégies en réaction au sentiment d'être différentes qui les imprégnait en tant que jeunes immigrantes et qui, en partie, découlait d'un sentiment d'être victimes des préjugés à l'égard des jeunes considérés comme « les autres qui sont différents ». Comme le révèlent d'autres études (Kilbride et coll. 2000), la discrimination et les différences culturelles font obstacle à l'intégration et à l'adaptation à la société canadienne. C'est ce que croyaient également les jeunes filles, qui disaient se sentir différentes tant sur le plan personnel (p. ex. difficulté d'apprentissage de la langue, d'établir des relations) qu'institutionnel (p. ex. différences culturelles liées aux traditions, aux valeurs et aux croyances). Les comportements discriminatoires et racistes à l'égard des jeunes immigrantes entravaient leur intégration à la culture générale et nuisaient à leur estime de soi.

Les comportements sociaux qui prédominent dans le pays d'accueil à l'égard des populations d'immigrants et de réfugiés peuvent ainsi influer sur leur sentiment de bien-être et nuire à leur santé psychologique.

Les mères des jeunes immigrantes nous ont dit qu'elles étaient conscientes des comportements discriminatoires et racistes à l'égard des nouveaux arrivants, ainsi que des difficultés que rencontraient leurs filles parce qu'elles étaient « différentes ». En outre, les jeunes immigrantes sont de plus en plus conscientes des problèmes auxquels fait face leur famille en tentant de s'établir au Canada (p. ex. le sous-emploi de leurs parents dû au fait que l'on ne reconnaît pas leur niveau d'études et leurs qualifications professionnelles). Outre leurs problèmes personnels, les jeunes filles étaient également touchées par ces obstacles, ce qui nous amène à penser que le développement de l'estime de soi des jeunes immigrantes est tributaire de la situation familiale.

Les jeunes immigrantes qui ont pris part à l'étude manifestaient un moi dynamique. Comme les autres jeunes, une partie de leur concept de soi rejetait les étiquettes d' « immigrante », d' « élève en anglais langue seconde », d' « adolescente ». Elles désiraient se doter d'une identité qui englobait à la fois leur nouveau pays de résidence et ses normes culturelles prédominantes, et leur culture d'origine. Dans leur recherche d'une identité culturelle unique, les jeunes immigrantes vivaient leur intégration à la culture canadienne différemment, ce qui confirme l'affirmation selon laquelle les jeunes immigrantes constituent un groupe hétérogène dont les membres vivent des problèmes d'intégration semblables, mais se distinguent sur le plan des intérêts, des ressources, des circonstances et de la perception de soi. Enfin, en dépit de leurs difficultés post-migratoires, les jeunes immigrantes ayant pris part à notre étude envisagent l'avenir avec optimisme et souhaitent poursuivre des études et une carrière dans l'espoir d'un avenir meilleur.

Participation des jeunes

Comme nous l'avons mentionné au chapitre 4, nous avons utilisé une méthode de recherche active participative pour mener notre étude. Outre les éléments de recherche participative décrits au chapitre 4 et utilisés à diverses étapes du processus de recherche, nous avons conclu notre étude avec un élément de recherche active. Comme l'indique le tableau 3, nous avons organisé une sortie éducative dans une librairie en février 2001. La responsable du programme d'anglais langue seconde, appuyée des jeunes filles, a proposé que l'on reconnaisse la participation des élèves à l'étude en leur permettant de choisir des livres au lieu de leur attribuer une compensation financière.

La chercheuse principale a donc rencontré les élèves et l'enseignante chargée du programme dans une librairie locale, un après-midi. Les élèves ont sélectionné des livres qui les intéressaient et qu'ils liraient en classe dans le cadre de leur programme d'anglais langue seconde. C'était une occasion pour les garçons également inscrits au programme de se sentir inclus. Avant cette rencontre, alors que nous organisions et animions les groupes de réflexion auxquels prenaient part les élèves, les garçons inscrits au programme d'anglais langue seconde étaient curieux de savoir à quoi participaient les filles et se sentaient probablement exclus du processus. Lors de notre visite à la librairie, les jeunes semblaient

intéressés et heureux d'y être. Les élèves faisaient leur recherche en petits groupes de deux ou de trois de même sexe.

Le volet participatif de l'étude a permis d'établir des relations et d'échanger des connaissances. Par exemple, comme les parents interrogés avaient manifesté de l'intérêt pour les études menées antérieurement par la chercheuse principale, nous avons fait parvenir aux participantes un document de recherche connexe. Lors d'une rencontre avec les jeunes filles, l'une d'elles a également demandé aux animatrices quelles différences il y avait entre les niveaux universitaire et secondaire, et quels diplômes elles devaient obtenir pour être admises à l'université. La coanimatrice, qui était étudiante diplômée au moment de l'étude, a parlé des expériences qu'elle avait vécues et elle a expliqué quelles différences elle croyait avoir constatées entre les deux niveaux d'apprentissage. La communication constante entre l'un des travailleurs du SEPT et la chercheuse principale, s'intéressant tous deux aux problèmes que vivent les jeunes immigrantes, est un autre exemple.

Lors de la deuxième rencontre avec chaque groupe de jeunes filles, nous avons demandé à ces dernières d'écrire sur papier leurs commentaires suite à leur participation à l'étude. Vous trouverez à l'annexe C le formulaire d'évaluation d'une page que nous avons remis aux participantes. Un formulaire semblable avait été utilisé dans une étude antérieure sur les jeunes Canadiennes originaires des Indes orientales (Khanlou et Hajdukowski-Ahmed 1997), où les auteurs avaient également fait appel à une méthode de recherche active participative. Voici, en résumé, ce qu'elles ont répondu à chacune des questions du formulaire :

1. Qu'as-tu appris sur toi-même tout au long de ces groupes de réflexion?
Bon nombre des élèves ont indiqué que leur participation aux groupes de réflexion leur a permis de comprendre et d'apprendre plus de choses sur elles-mêmes et sur les autres.

> *Nous avons pu savoir ce que les autres pensent, j'en ai appris sur mes forces, sur mes peurs, plus sur moi-même, mon plan de carrière* (P8, GR3).

Certaines ont fait allusion à des éléments liés au respect de soi, tandis que pour d'autres, leur participation s'est également révélée bénéfique sur le plan pratique, leur permettant notamment de dialoguer avec leurs parents ou de parler en anglais tout au long des rencontres.

> *J'ai appris à communiquer avec les autres, à parler plus en anglais, à prendre des décisions* (P5, GR4).

> *C'est bon de parler avec nos parents parce qu'ils ont plus d'expérience que nous* (P6, GR4).

2. Comment te serviras-tu de ce que tu as appris?
La plupart des participantes ont répondu que ce qu'elles ont appris au cours des rencontres les a aidées à communiquer avec leurs amis, leur famille et les autres. Elles ont dit qu'en échange, elles s'en serviraient pour améliorer leurs relations et faire face aux problèmes à venir.
> *J'essaierai de communiquer plus avec les autres pour m'améliorer sur le plan social* (P4, GR4).

3. Dans quelle mesure ces groupes de réflexion t'ont-ils aidée à améliorer ton estime de soi?

En prenant part aux groupes de réflexion, certaines élèves ont dit avoir peut-être amélioré leur estime de soi, parce qu'ils leur ont permis de prendre conscience des ressources et des forces personnelles dont elles disposaient pour être capables de résoudre leurs problèmes en tant qu'adolescentes vivant dans un nouveau pays.

> *Écouter les autres me parler de leurs expériences, suivre leurs conseils et, après, je saurai mieux comment faire face aux problèmes (P3, GR4).*

> *Ce n'est pas vrai que parce qu'on est des immigrants, on est faible. On doit être fier de nous. On pourrait se sentir mieux avec soi-même (P8, GR3).*

Il est à noter que la moitié des participantes n'ont pas répondu à cette question et que l'une d'elles n'avait « aucune idée ». Le nombre d'espaces blancs laissés à cette question indique peut-être que la question n'était pas claire pour certaines.

4. Qu'est-ce que <u>tu as aimé</u> et que <u>tu n'as pas aimé</u> à propos de ces groupes de réflexion?

Les commentaires à l'égard des groupes de réflexion étaient en général positifs. Les participantes ont indiqué que le fait de prendre part à une tribune leur permettait d'acquérir des connaissances et de prendre conscience de leurs capacités, car elles peuvent y exprimer leur opinion et la faire valoir non seulement auprès des adultes mais également auprès de leurs camarades.

> *Il n'y a rien que je n'aime pas concernant ces groupes de réflexion. Je pense que c'était bien. Ils me permettent de dire plein de choses que je suis gênée de dire (P5, GR4).*

> *Lorsque nous avons parlé de discrimination raciale, je n'aime pas ça quand il y a des personnes qui traitent les autres différemment (P6, GR4).*

> *J'ai aimé ça parce que ça m'a aidée à planifier ma carrière et à connaître l'opinion des autres. J'ai découvert c'était quoi mon point fort (P8, GR3).*

La réponse des participantes à cette dernière question indique que leur participation a été pour elles une expérience positive, leur permettant d'en apprendre plus sur les autres. Nous avons constaté que, parmi toutes les réponses aux quatre questions, au moins une faisait directement ou indirectement allusion à la discrimination et au racisme. Cela nous amène à dire qu'une évaluation écrite au terme du processus de recherche donne à certaines participantes l'occasion d'exprimer leur opinion, ce qu'elles ne feraient peut-être pas de vive voix en présence de leurs camarades. Une évaluation écrite nous permet également de déterminer si le processus de recherche a été d'une quelconque utilité pour les participantes et de quelle manière nous pouvons améliorer les études à venir.

6. MESURES GOUVERNEMENTALES ET RECOMMANDATIONS

Les statistiques sur les taux d'immigration au Canada attirent notre attention sur le nombre considérable d'immigrants qui y vivent, dont beaucoup sont des jeunes, ce qui démontre, par conséquent, qu'il peut être important de tirer profit des études portant sur la santé mentale des populations d'immigrants. Les données actuelles sur l'utilisation des services de santé mentale par les populations d'immigrants indiquent qu'il est nécessaire d'effectuer des recherches permettant d'élaborer des politiques et des stratégies qui répondent mieux aux besoins de ce segment de la population canadienne. Par exemple, les immigrants ont tendance à recourir moins aux services de santé mentale (Beiser et coll. 1993) et à compter davantage sur les organismes de services qui ne font pas partie du système de santé mentale officiel pour soigner leurs troubles affectifs (Beiser 1988). On en sait encore moins sur les difficultés que rencontrent les jeunes immigrantes et sur les stratégies et services les plus efficaces pour promouvoir leur estime de soi, élément essentiel de leur santé mentale.

L'école est le milieu où la plupart des jeunes immigrantes entrent en contact avec leurs camarades et leurs enseignants, et vivent de nouvelles expériences à mesure qu'elles s'intègrent à la société canadienne. C'est un milieu qui offre aux jeunes femmes d'origines diverses la possibilité de rehausser leur estime de soi et de se préparer à prendre d'importantes décisions concernant leurs études post-secondaires et leurs choix de carrière. Pour atteindre cet objectif, il importe d'élaborer des stratégies et des politiques multisectorielles étant donné que « les besoins des immigrants et des réfugiés en matière d'éducation, de soins de santé et de services de santé mentale sont trop complexes pour qu'une seule profession ou un seul système puisse y répondre en même temps » [traduction libre] (Cole 1998: 46).

Les recommandations qui découlent de la présente étude s'adressent à divers organes décisionnels. Étant donné que toute politique repose sur des valeurs et qu'aucune n'est établie uniquement à partir de données empiriques, nous recommandons que les valeurs qui sont à la base des politiques et des principes directeurs de ces politiques soient un élément essentiel des mesures visant à promouvoir la santé mentale des jeunes immigrantes.

Valeurs et principes

Bien que les trois principes suivants et les valeurs sur lesquelles ils reposent puissent servir de fondement à l'élaboration de politiques et de stratégies pour la promotion de la santé mentale des jeunes immigrantes, ils ne comprennent pas tout. Au contraire, les décideurs, promoteurs de la santé, éducateurs et autres personnes, groupes ou organismes oeuvrant auprès des jeunes immigrantes peuvent établir eux-mêmes leurs principes. Dans chacun des cas, l'explication des valeurs devient une étape essentielle du processus, de la recherche à la mise en oeuvre des politiques.

Principe n° 1 : Les jeunes immigrantes devraient prendre part à toutes les étapes des initiatives visant à promouvoir leur santé mentale. Elles devraient notamment participer à des projets de recherche (p. ex. en proposant des méthodes de recherche participative) et exprimer leur opinion sur la pertinence des initiatives proposées (p. ex. en participant

activement à des comités et des activités d'élaboration de politiques et de programmes). L'adoption d'une méthode adaptée à leurs besoins facilitera leur participation. (*Valeur sous-jacente* : La participation des jeunes immigrantes aux initiatives visant à promouvoir leur santé mentale est nécessaire, précieuse et réalisable.)

Principe n° 2 : Les politiques et stratégies pour la promotion de la santé mentale des jeunes immigrantes doivent être adaptées à leur situation. Outre les stades de développement chez ces jeunes femmes, la jonction entre leur sexe, leur statut d'immigrante et leur appartenance à une minorité visible, et les ressources sociales nécessite l'adoption de méthodes non universelles pour promouvoir la santé mentale dans les collectivités multiculturelles du Canada. (*Valeur sous-jacente* : Nous ne pouvons partir du principe que les connaissances issues des études sur l'ensemble des jeunes femmes sont universelles et que les stratégies qui en résultent sont utiles aux jeunes immigrantes. Nous devons agir prudemment afin d'éviter les stéréotypes, car les valeurs culturelles propres aux jeunes nord-américains et les hypothèses enracinées sur le développement normal des adolescents ne correspondent pas nécessairement à celles des jeunes d'origines différentes. La valeur attribuée au sexe et à la place d'une personne dans la société canadienne, en fonction des comportements actuels à l'égard des immigrants ou des réfugiés, des minorités raciales, des groupes ethnoculturels et des différentes classes sociales, a une influence énorme sur sa santé mentale.)

Principe n° 3 : Les stratégies visant à promouvoir la santé mentale des jeunes immigrantes doivent être globales (p. ex. inclure la famille) et intersectorielles dans tous les systèmes (éducation, santé et services sociaux, services d'établissement des immigrants). (*Valeur sous-jacente* : Le développement des jeunes immigrantes dépend de multiples facteurs; les méthodes isolées et non durables ne sont donc pas efficaces à long terme.)

Recommandations

Nos recommandations en faveur de politiques et stratégies visant à promouvoir la santé mentale des jeunes immigrantes sont réparties selon qu'elles s'adressent au système d'éducation, au système de santé et aux services sociaux, aux services d'établissement ou à tous les systèmes.

Système d'éducation
Bon nombre des problèmes soulevés dans cette étude étaient associés au secteur de l'éducation en raison du fait qu'un nombre considérable de données ont été recueillies dans des écoles et que les écoles demeurent le milieu le plus propice à l'établissement de relations pour les jeunes immigrants. Actuellement, le Toronto District School Board est le conseil scolaire le plus multilingue et le plus multiculturel au monde, plus de 50 % de sa clientèle venant s'établir à Toronto pour apprendre l'anglais (TDSB 2001b). Des études révèlent que le secteur de l'éducation joue un rôle essentiel auprès des jeunes immigrants qui tentent de bien s'adapter à la culture canadienne (Kilbride et coll. 2000; Anisef et Kilbride 2000). Les recommandations suivantes servent de fondement à l'élaboration de politiques de l'éducation et proposent des stratégies visant à promouvoir la santé mentale d'un nombre croissant de jeunes immigrantes dans les écoles multiculturelles du Canada.

Recommandation n° 1 : Soutenir et améliorer les programmes d'anglais langue seconde dans tous les établissements d'enseignement. Instaurer des programmes d'anglais langue seconde dans les écoles comptant un nombre élevé de jeunes immigrants.

Les jeunes filles ayant participé à notre étude considéraient que la barrière de la langue avait une incidence considérable sur divers aspects de leur vie, notamment sur leurs résultats scolaires et leur capacité d'établir des relations amicales avec des jeunes d'origine canadienne. Lorsque nous leur avons demandé de nous dire comment elles s'étaient senties avec elles-mêmes la semaine d'avant, les problèmes rencontrés à l'école, la plupart associés à l'échec en anglais et dans d'autres matières, ont été les premiers soulevés parmi les facteurs défavorables à l'estime de soi (p. ex. « j'ai eu une mauvaise note en anglais »). La réussite scolaire a été mentionnée en deuxième parmi les facteurs favorables à l'estime de soi (p. ex. « j'ai eu une bonne note en musique et en math »).

Dans les provinces anglophones où l'anglais, en plus d'être la langue parlée couramment, est conditionnel à la réussite scolaire et professionnelle, à la capacité de se faire des amis et au sentiment d'appartenance au nouveau pays de résidence, la connaissance de l'anglais a une influence énorme sur les jeunes immigrantes. Les jeunes filles qui ont pris part à notre étude considéraient que les cours d'anglais langue seconde jouaient un rôle important dans l'apprentissage de l'anglais et l'établissement de relations avec les jeunes d'origine canadienne. Le TDSB offre une variété de programmes et de services pour venir en aide à ces élèves, y compris des programmes d'anglais langue seconde, qui tiennent compte du niveau de connaissance de l'anglais et non du niveau scolaire (TDSB 2001b). Toutefois, Anisef et Kilbride (2000) ont souligné qu'au terme des cours de langue (les services les plus courants offerts par les conseils scolaires aux jeunes immigrants), les élèves acquièrent souvent un niveau insuffisant de fluidité verbale qui ne leur permet pas d'atteindre les objectifs requis sur le plan scolaire, social et affectif pour bien s'intégrer. L'évaluation des programmes et le taux de participation à ceux-ci posent également un problème. Compte tenu du rôle important que jouent les programmes d'anglais langue seconde dans le développement de l'estime de soi des jeunes immigrantes, les conseils scolaires et les écoles devraient mettre sur pied des mécanismes permettant d'évaluer régulièrement la qualité de ces programmes ainsi que le taux de participation à ceux-ci.

Recommandation n° 2 : Encourager les écoles à favoriser les échanges multilingues et multiculturels.

Étant donné que les jeunes immigrants parlent une ou plusieurs langues autres que l'anglais, ils peuvent tirer profit d'un environnement qui met en évidence leurs aptitudes à parler plusieurs langues et non seulement leur capacité restreinte de parler l'anglais. Toutes les jeunes filles ayant pris part à notre étude ont dit parler une langue autre que l'anglais à la maison. Les jeunes immigrantes sont confrontées à divers problèmes pendant la période post-migratoire, qui nuisent à leur estime de soi (p. ex. apprentissage de l'anglais, comportements racistes et discriminatoires à leur égard). Des études menées auprès d'enfants appartenant à des minorités ethniques révèlent que les incompatibilités entre les valeurs qu'ils apprennent à la maison et celles qu'ils reçoivent à l'école peuvent nuire à leur estime de soi, et que la restitution d'une identité ethnique sûre peut rehausser les concepts de soi affaiblis (Beiser et coll. 1999). En favorisant le maintien et le respect de la langue et de la culture d'une personne, ainsi que le respect de la diversité à l'intérieur du système scolaire

(c.-à-d. de la part des enseignants et des camarades de classe), comme l'indiquent ces auteurs, on peut accroître la résilience de cette personne et en améliorer ainsi ses chances de se développer sainement et de bien s'intégrer.

En plus de soutenir les programmes d'anglais langue seconde et d'en favoriser l'expansion, le système d'éducation doit également aider les élèves immigrants à préserver leur patrimoine culturel et valoriser leur identité culturelle. Par exemple, en prenant part à des activités et des événements interculturels à l'école, les jeunes peuvent apprendre à connaître la culture des autres et apprécier leurs aptitudes à parler plusieurs langues. L'accès à des programmes d'enseignement des langues ancestrales peut se révéler également profitable.

Recommandation n° 3 : Opter pour des programmes éducatifs globaux, qui favorisent le multiculturalisme et rejettent le sexisme et le racisme.

Étant donné que les caractéristiques démographiques du Canada et sa population de jeunes continuent d'évoluer, les programmes éducatifs doivent avoir une portée globale et favoriser le multiculturalisme, la lutte au sexisme ainsi qu'au racisme. Outre les cours d'anglais langue seconde favorisant l'apprentissage de l'anglais, les participantes à l'étude ont également fait mention de certains problèmes associés aux programmes d'enseignement. Les mères interrogées ont parlé des postulats enracinés et des connaissances à caractère culturel des programmes éducatifs.

Une étude menée en 1998 par le Réseau de sensibilisation aux médias, grâce au financement de la Fondation canadienne des relations raciales, a révélé que, malgré le fait que la plupart des ministères de l'éducation offraient un soutien général aux programmes d'éducation antiracistes, à l'enseignement multiculturel et à l'enseignement des médias, les programmes de perfectionnement professionnel et d'enseignement ne disposaient pas de ressources suffisantes pour maintenir les nouveaux résultats d'apprentissage. C'était aux enseignants de décider dans quelle mesure ils traiteraient de ces sujets en classe (Réseau de sensibilisation aux médias 2001). Dans le cadre de son analyse des programmes d'éducation antiracistes offerts au Canada, le Réseau de sensibilisation aux médias a examiné et analysé les documents des programmes éducatifs de la 1re à la 8e année, publiés à l'automne 1998. Au moment de l'étude, les documents des programmes de la 9e à la 12e année n'étaient pas disponibles, puisqu'ils faisaient l'objet d'une révision. Reconnaissant que l'Ontario a été l'un des premiers promoteurs de l'enseignement multiculturel et antiraciste dans les années 1980 et au début des années 1990, le Réseau de sensibilisation aux médias mentionne, dans son rapport, que la réforme des programmes d'éducation (p. ex. la dissolution de la *Anti-Racism and Ethno-Cultural Equity Branch*) a porté un dur coup à cette activité précoce. Un examen des documents des programmes de la 1re à la 8e année a révélé qu'on ne faisait référence que huit fois au caractère multiculturel des programmes d'éducation du Canada en arts, en santé, en éducation physique et en langues.

Le Toronto District School Board s'inspire du document intitulé *Equity Foundation Statement and Commitments to Equity Policy Implemention* (TDSB 2001a), qui parle de la lutte contre le racisme et de l'équité ethnoculturelle, affirmant qu'elles se reflètent dans toutes les structures organisationnelles, toutes les politiques, lignes directrices, procédures, méthodes d'enseignement en classe, activités quotidiennes et pratiques de communication. Un ministère

de l'équité oeuvrant auprès des écoles et de l'ensemble du système a également été constitué afin d'appliquer les politiques du conseil scolaire de Toronto en matière d'équité. (Il fournit des ressources éducatives aux enseignants et membres de la collectivité en matière d'équité.) Cependant, comme le souligne la Fondation canadienne des relations raciales (2000) dans le document *Le racisme dans nos écoles : Ce que vous devez savoir à ce sujet; Comment le combattre*, étant donné que la diversité de la population scolaire canadienne prend de plus en plus d'importance, il est nécessaire que chaque établissement scolaire comprenne réellement les questions antiracistes, puisque le racisme continue de faire des victimes dans le système d'éducation, de même que dans les autres institutions canadiennes.

Selon Anisef et Kilbride (2000), les élèves immigrants devraient se retrouver dans ce qu'on leur enseigne (programmes multiculturels). Les programmes d'études devraient également traiter de questions liées aux femmes, contribuant ainsi à la lutte contre le sexisme. De plus, en traitant de justice et d'égalité, les programmes éducatifs peuvent sensibiliser les jeunes à l'inclusion (c.-à-d. sexe, race, classe). Ainsi les écoles canadiennes peuvent-elles promouvoir la santé mentale et l'estime de soi des jeunes.

Recommandation n° 4 : Accroître la présence d'enseignants, de directeurs et de directeurs adjoints de culture et de race différentes dans les écoles à caractère multiculturel.
Au fur et à mesure que les jeunes immigrants s'adaptent à leur nouveau pays de résidence, l'adoption de modèles de comportement parmi des adultes d'origines différentes peut rendre le milieu scolaire plus accueillant. Lorsque nous avons interrogé un travailleur du SEPT oeuvrant auprès de jeunes immigrants en milieu scolaire, celui-ci s'est dit préoccupé par l'absence, dans les écoles, d'enseignants et d'autres membres du personnel appartenant à des minorités visibles, une réalité qui peut entraver l'intégration des jeunes à la société canadienne. Selon la Fondation canadienne des relations raciales (2000), aucun des 47 directeurs du nouveau conseil scolaire fusionné de Toronto n'est issu d'une minorité visible et moins de 2 % des administrateurs du Conseil le sont. Par conséquent, si les écoles veulent promouvoir la santé mentale des jeunes immigrantes et des jeunes appartenant à des minorités visibles, elles doivent reconnaître le rôle important que peuvent jouer les politiques englobantes, notamment celles qui se reflètent dans les activités et stratégies quotidiennes, comme l'embauche et l'élaboration de programmes d'études, dans la vie de ces jeunes.

Recommandation n° 5 : Organiser des activités parascolaires dans les écoles secondaires et y former des associations d'élèves.
Les élèves ont admis que les activités parascolaires sont essentielles à un enseignement de qualité (TDSB 2001c). Les jeunes immigrantes qui ont participé à notre étude ont parlé de l'importance des activités parascolaires et des associations d'élèves dans leur vie scolaire et leur établissement dans leur nouveau pays de résidence. Elles se sont aperçues qu'il était plus facile d'établir des relations amicales avec d'autres jeunes immigrants, surtout ceux de même culture qu'elles, qu'avec les jeunes d'origine canadienne, y compris ceux qui ont les mêmes antécédents culturels qu'elles. Les activités parascolaires qui se tiennent à l'école doivent être appuyées, car elles permettent aux nouveaux élèves d'entrer en contact avec d'autres élèves qui parlent mieux l'anglais ou qui sont nés au Canada, facilitant le partage de connaissances et favorisant l'établissement de nouvelles relations amicales. Elles permettent

également aux jeunes immigrants de découvrir divers aspects du Canada et du mode de vie des Canadiens, les amenant à se sentir acceptés dans leur nouveau pays de résidence.

Recommandation n° 6 : Encourager fortement les familles d'immigrants à participer aux activités du système scolaire de leur(s) fille(s).

La participation accrue des parents et des familles d'immigrants aux institutions d'enseignement que fréquente leur fille doit être favorisée. Anisef et Kilbride (2000) sont d'avis que l'école doit faire de réels efforts pour accueillir les parents et les amener à prendre part aux activités scolaires, particulièrement celles de leur enfant, afin de faciliter l'intégration des enfants comme des parents à la culture canadienne. Les entrevues menées dans le cadre de cette étude auprès des mères des jeunes immigrantes ont révélé que les mères étaient conscientes des difficultés rencontrées par leur fille pendant la période post-migratoire. Les jeunes participantes à l'étude ont également discuté de l'impact positif et négatif que peuvent avoir leurs relations avec leurs parents sur leur estime de soi. La participation des familles d'immigrants au système scolaire peut leur permettre de contribuer à l'éducation de leurs filles et les aider à mieux comprendre l'écart entre les générations et les différences transculturelles.

Système de santé et services sociaux

Les jeunes immigrantes représentent un sous-groupe d'immigrants unique qui, pour se développer sainement, doivent compter sur l'appui de systèmes qui sont sensibles à la relation qui existe entre leur développement sexuel et leurs expériences post-migratoires. Le système de santé et les services sociaux sont parmi les secteurs qui jouent un rôle important dans la promotion de la santé mentale des jeunes immigrantes. Les questions se dégageant de cette étude, qui nécessitent l'adoption de mesures gouvernementales afin d'améliorer le système de santé et les services sociaux, sont abordées dans les recommandations suivantes.

Recommandation n° 7 : Éduquer les professionnels de la santé et des services sociaux oeuvrant auprès des jeunes immigrantes afin de les sensibiliser aux différentes cultures.

Dans les établissements multiculturels, la prestation des soins de santé et des services sociaux doit tenir compte des différences culturelles pour être efficace et responsable. Les professionnels de la santé et des services sociaux doivent recevoir une formation qui les sensibilise aux situations uniques que vivent les différentes populations d'immigrants et de réfugiés. Les mères que nous avons interrogées ont fait allusion à la non-adaptation à la réalité culturelle et aux conséquences d'une méprise des différences culturelles. L'une d'elles, qui travaillait comme professionnelle de la santé avant d'immigrer au Canada, a parlé de l'expérience qu'elle a vécue lorsqu'elle a accompagné à l'hôpital une jeune fille ayant les mêmes antécédents culturels qu'elle. Connaissant mal les différences culturelles et les besoins des immigrants, les professionnels de la santé ont mal interprété l'état de santé mentale de leur patiente. Cette mère attribuait les changements qu'avait subis la santé mentale de la patiente à une perte de soutien social, problème touchant surtout les immigrantes qui arrivent au Canada seules, sans aucun membre de leur famille. En outre, n'étant pas familiers avec les normes personnelles et culturelles de comportement social (p. ex. il est possible que la patiente se taise et ne pose pas beaucoup de questions au cours de l'examen de santé), les professionnels peuvent présumer que la patiente souffre de troubles mentaux. Par conséquent, les signes et symptômes résultant du stress occasionné par le manque de soutien social dans le nouveau pays de résidence peuvent être interprétés

à tort par les professionnels comme une maladie mentale dont les causes sont d'ordre biologique. Dans ce contexte, les troubles mentaux peuvent être dus à des lacunes dans les systèmes durant la période post-migratoire et non nécessairement à des signes de faiblesse ou de psychopathologie chez la patiente. Les professionnels de la santé et des services sociaux oeuvrant auprès de jeunes immigrantes doivent être sensibles à la complexité de ces problèmes et à leur relation avec les rôles sexuels.

Recommandation n° 8 : Mettre sur pied, à la grandeur du réseau de la santé, des initiatives efficaces visant à promouvoir la santé mentale des jeunes immigrantes.
Nous considérons, dans le cas présent, que le système de santé ne se limite pas qu'aux services de soins de santé. Il comprend les soins primaires et les activités communautaires de promotion de la santé. Ces services doivent être gratuits et offerts, dans la mesure du possible, dans la langue maternelle des jeunes immigrantes qui en bénéficient. Les activités de promotion de la santé mentale offertes aux jeunes immigrantes par le système de santé doivent tenir compte des problèmes particuliers auxquels elles font face. En effet, les jeunes immigrantes interrogées dans le cadre de cette étude étaient confrontées à des problèmes particuliers au cours de leur période d'adaptation et d'intégration à la société canadienne (p. ex. difficultés linguistiques, conflit entre les générations, établissement de relations amicales). S'ajoutaient à cela les pressions sociales qu'elles subissaient tout comme leurs camarades d'origine canadienne (p. ex. elles se préoccupaient de leur apparence), ainsi que les rôles et responsabilités qu'elles avaient à assumer comparativement aux jeunes garçons immigrants (p. ex. les tâches ménagères associées au concept traditionnel des rôles sexuels). Compte tenu des situations difficiles que vivent les jeunes immigrantes, de nouvelles méthodes plus efficaces doivent être utilisées pour améliorer et promouvoir leur santé mentale. Par exemple, en résumant les recommandations tirées de différentes sources, Anisef et Kilbride (2000) soutiennent que les services de santé destinés aux jeunes doivent être offerts dans les écoles et les centres communautaires locaux pour que les jeunes immigrants aient accès à des programmes et des renseignements particulièrement adaptés à leurs besoins en matière de santé.

Le *Women's Health in Women's Hands Community Health Centre* de Toronto est un exemple de centre communautaire axé sur la santé des femmes. Il a pour mandat de fournir « un soutien à la promotion de la santé communautaire et clinique en utilisant une approche globale participative et multilingue axée sur la condition féminine, le libre choix, et la lutte contre le racisme et l'oppression » [traduction libre] (*Women's Health In Women's Hands* 2000: 6). Le centre vise les immigrantes et les réfugiées, les femmes ayant des handicaps, les jeunes filles et les femmes, jeunes et plus âgées, particulièrement « les femmes de couleur, à faible revenu » [traduction libre].

Recommandation n° 9 : Prêter une attention particulière aux forces des jeunes immigrantes, ainsi qu'à leurs difficultés. Favoriser leur participation à des tribunes où se prennent des décisions en matière de planification des soins de santé et des services sociaux.
Les activités de promotion de la santé mentale mises sur pied dans les secteurs de la santé et des services sociaux doivent tenir compte des forces et des faiblesses des jeunes immigrantes pendant leur établissement dans leur nouveau pays de résidence. Les jeunes filles qui ont

participé à notre étude aspiraient à la réussite scolaire et entrevoyaient avec optimisme la poursuite de leurs études supérieures et l'atteinte de leurs objectifs de carrière. Malgré qu'elles éprouvaient des difficultés d'adaptation suite à leur arrivée au Canada, les jeunes filles étaient très déterminées à réussir.

L'une des façons de reconnaître les forces et le potentiel des jeunes Canadiennes est de favoriser leur participation à des tribunes où des décisions sont prises concernant la planification et la prestation de programmes visant à promouvoir leur santé mentale. Grâce au financement du gouvernement fédéral, Santé Canada a créé cinq centres d'excellence ayant pour mandat de comprendre et de satisfaire les besoins des enfants sur le plan physique et mental, ainsi que les facteurs associés au développement sain des enfants (Santé Canada 2001a). Le Centre d'excellence pour l'engagement des jeunes est axé sur la recherche, la description et la création de modèles de stratégies efficaces pour engager des jeunes dans une participation significative et pour que soient prises des décisions judicieuses pour une saine qualité de vie (Santé Canada 2001b). Ce centre peut proposer des modèles d'engagement des jeunes dans la prestation de services de promotion de la santé mentale des jeunes immigrantes. Par exemple, en tentant de leur donner des moyens de prendre conscience de leurs capacités, le Magazine 'Tit Géant et la Commission des étudiants (TG/SC), organisme dirigé par et pour des jeunes de tout le Canada, met sur pied des activités telles que des conférences organisées entièrement par de jeunes adultes et crée des ressources d'apprentissage et des réseaux en sollicitant la collaboration entre les jeunes adultes, les gouvernements, le milieu des affaires et celui de l'éducation (Santé Canada 2001c). Un organisme du genre, qui permet aux jeunes de concrétiser leurs idées, pourrait également profiter aux jeunes immigrantes.

La *McCreary Centre Society*, organisme à but non lucratif de petite envergure, axé sur la santé des jeunes en Colombie-Britannique (*McCreary Centre Society* 2001a), est un autre exemple. Le Conseil consultatif des jeunes de la Société mène à bien la mission de cet organisme en favorisant la participation des jeunes au processus décisionnel. Le Conseil (qui prend part aux projets qu'il a lui-même mis sur pied, ainsi qu'à d'autres programmes de la *McCreary Centre Society*) permet aux jeunes de prendre part à une tribune visant à développer leurs aptitudes à participer efficacement au processus et leur donne également l'occasion de contribuer de manière significative à la satisfaction de leurs besoins (*McCreary Centre Society* 2001b). Jusqu'à ce jour, près de 1 000 jeunes et de 200 adultes ont examiné et proposé des solutions aux principaux problèmes liés aux jeunes en participant aux ateliers *Next Step* en Colombie-Britannique. Les secteurs de la santé et des services sociaux peuvent s'inspirer de ces exemples pour élaborer des programmes visant à promouvoir la santé mentale des jeunes immigrantes. En permettant aux jeunes immigrantes de participer de manière significative au processus décisionnel, tout en tenant compte des situations uniques qu'elles vivent, les stratégies de promotion de la santé mentale peuvent également promouvoir leur potentiel.

Services d'établissement
Les services d'établissement, tout comme le système d'éducation, le système de santé et les services sociaux, fournissent aux jeunes immigrantes un soutien important.

Recommandation n° 10 : Fournir des services d'établissement complets à tous les membres de la famille des jeunes immigrantes.

En plus de reconnaître que les organismes d'établissement doivent offrir des programmes et des services qui tiennent compte particulièrement des situations uniques que vivent les jeunes immigrantes, nous avons constaté, à l'issue de notre étude, que leur état de santé mentale était tributaire du contexte familial. Contrairement à leurs frères et soeurs plus jeunes, les adolescentes sont de plus en plus conscientes des difficultés que rencontrent les membres de leur famille (p. ex. le sous-emploi des parents dont le niveau d'études et les compétences professionnelles ne sont pas reconnus et les difficultés financières qui s'en suivent durant leur établissement). Aussi, compte tenu de leur stade de développement, où elles passent de l'enfance à l'âge adulte dans une société nord-américaine, les adolescentes peuvent avoir des difficultés à communiquer avec leurs parents. Par exemple, les jeunes filles ayant pris part à notre étude considéraient qu'une bonne communication avec les parents pouvait à la fois contribuer et nuire à leur estime de soi. Les conflits entre générations étaient également au chapitre des facteurs défavorables à l'estime de soi.

Kilbride et coll., (2000) ont constaté que les jeunes immigrantes étaient conscientes de leur situation familiale et croyaient que des programmes devaient être élaborés, dans l'ensemble de la collectivité comme dans leur communauté ethnique, afin d'aider et de soutenir les familles d'immigrants pendant leur période d'intégration. Il pourrait s'agir de programmes axés sur la famille, tels que des programmes d'orientation familiale, visant à trouver des solutions aux conflits entre les générations. Des services de soutien doivent être offerts aux jeunes immigrantes et à leur famille. Par exemple, des services sociaux devraient être mis en place pour permettre aux parents de passer suffisamment de temps avec leur fille et ainsi favoriser la communication et le soutien familial lorsque surviennent des problèmes d'intégration durant la période post-migratoire (p. ex. un soutien qui permet d'avoir un logement adéquat et de satisfaire les besoins essentiels durant les étapes initiales de l'établissement, de bien parler une langue et d'offrir aux parents une formation professionnelle). La question de la reconnaissance de l'éducation antérieure ou des compétences professionnelles a été soulevée par les travailleurs du SEPT et les mères interrogées. Les politiques actuelles sur la reconnaissance de la formation à l'étranger et des compétences professionnelles doivent être révisées.

Les politiques d'immigration concernant la réunion des familles jouent également un rôle important et doivent être appuyées. Selon Citoyenneté et Immigration Canada (CIC 1999a), de nouvelles directives en matière d'immigration, qui reconnaissent l'importance de réunir les familles, ont été proposées. Par exemple, CIC a recommandé que l'âge limite pour parrainer un enfant à charge passe de 19 à 22 ans « afin de réunir un plus grand nombre de familles et de mieux refléter les réalités de la dépendance plus longue des enfants » (CIC 1999b). En somme, le développement sain des jeunes immigrantes repose sur leur situation familiale et sur les problèmes que rencontrent les membres de leur famille suite à leur immigration et pendant leur période d'établissement au Canada.

Recommandation n° 11 : Mettre en oeuvre des programmes d'établissement spécialisés à l'intention des jeunes immigrantes.

La mise en oeuvre de programmes spécialisés (p. ex. programmes d'orientation scolaire et de counseling d'emploi, programme de préparation à la vie active et programmes récréatifs adaptés à la réalité culturelle) peut contribuer à rehausser l'estime de soi des jeunes immigrantes. Des services d'établissement qui sont adaptés aux différences culturelles et axés sur les jeunes peuvent aider ce sous-groupe d'immigrants à bien s'adapter et s'intégrer. Dans le cadre de leur étude, Anisef et Kilbride (2000) ont mené une enquête téléphonique auprès de 145 organismes de services aux nouveaux arrivants. Leur rapport a révélé que 94 % de ces organismes offraient des programmes et des services aux jeunes immigrants âgés entre 16 et 20 ans. Toutefois, pour respecter la norme, les programmes ne visaient pas exclusivement les jeunes ou jeunes immigrants (un quart des organismes ont dit que 5 % de leur clientèle étaient des immigrants et un quart estimaient à 20 % la proportion d'immigrants âges entre 16 et 20 ans). Les programmes et pratiques qui, selon Anisef et Kilbride, répondaient adéquatement aux besoins des jeunes immigrants étaient axés sur le contenu (accordant une place prépondérante à la prestation de programmes s'adressant spécifiquement aux jeunes immigrants) et la démarche (tenant compte de l'importance de la participation des jeunes à la planification et la prestation des services qui leur sont adressés). Parmi les suggestions visant à améliorer les services aux jeunes immigrants figuraient des recommandations en faveur d'une augmentation de l'aide financière et du nombre de programmes destinés aux jeunes immigrants, d'une meilleure coordination des interventions, d'un meilleur accès aux services et d'un plus grand nombre d'activités de sensibilisation et de promotion visant à faire connaître davantage les services offerts.

Recommandation n° 12 : Obtenir de tous les paliers du gouvernement un financement prolongé pour la mise sur pied de services d'établissement à l'intention des jeunes immigrantes et de leur famille.

Depuis 1996, divers changements d'ordre politique et législatif entrepris par les gouvernements fédéral et provinciaux (c.-à-d. réductions des transferts sociaux, investissement dans le marché public / les accords de partenariat / le marché compétitif) sont venus modifier la prestation des services d'établissement en Ontario (Mwarigha 1997a). L'initiative fédérale de Renouvellement de l'établissement, mise sur pied en 1996, a entraîné une dévolution des responsabilités fédérales aux provinces (transfert de la responsabilité de la prestation des services d'établissement et autres responsabilités connexes aux provinces et municipalités) et la fusion des programmes provinciaux (par exemple, la ville de Toronto a dû assumer de nouvelles responsabilités en matière de financement et de gestion des services sociaux offerts aux nouveaux arrivants). Cette dévolution et cette fusion ont également eu des répercussions sur le financement des services d'établissement offerts aux nouveaux immigrants (Mwarigha 1997b).

Dans son rapport sur les effets des compressions sur les organismes de services aux immigrants, Richmond aborde notamment des questions touchant la réduction et l'abolition des programmes, la menace de fermeture d'organismes de services sociaux et de services de santé (destinés aux immigrants ou autres), et la réduction de personnel (Richmond 1996). Reconnaissant une hausse de l'aide financière accordée aux organismes de services aux immigrants en Ontario vers 1994 (70 millions de dollars), l'auteur a constaté que les sommes

allouées ont permis de mettre sur pied des programmes plus spécialisés (p. ex. services de consultation familiale et de santé mentale offerts à des collectivités ethnoraciales particulières, formation offerte aux réfugiées dans le but d'acquérir de nouvelles compétences). Cependant, les compressions ont menacé l'existence de nombreux programmes et, selon les personnes que nous avons interrogées, le Renouvellement de l'établissement provoquerait la suppression de nombreux services spécialisés offerts aux immigrants et aux réfugiés, ainsi que d'organismes de plus petite envergure.

Comme le recommandent les organismes de services (Richmond 1996), il est essentiel de redoubler d'effort afin de défendre les intérêts des services d'établissement, en favorisant la création d'organismes cadres et de coalitions pouvant contribuer à reconnaître l'utilité des fournisseurs de services aux immigrants en tant que secteur distinct de services sociaux (comme c'est le cas en santé et en éducation). Il s'agit d'un besoin auquel il est particulièrement urgent de répondre alors que les services et programmes offerts dans des grandes villes multiculturelles comme Toronto, qui accueillent de nombreux immigrants, font l'objet de compressions budgétaires à grande échelle. Le Conseil consultatif des jeunes de Toronto a déclaré récemment que les conseillers « font fi des 300 000 jeunes vivant à Toronto, ainsi que des compressions budgétaires que subissent les services et les programmes, y compris les centres récréatifs et les services de consultation, et les frais de plus en plus élevés imposés aux utilisateurs font sentir leurs effets » [traduction libre] (Metro Today 2001: 1).

Dans un contexte où le financement n'a cessé d'être une préoccupation pour divers organismes de services au cours des dernières années (p. ex. en santé et en éducation), la prestation de services spécialisés et adéquats visant à promouvoir la santé mentale des jeunes immigrantes et de leur famille nécessite un nouvel engagement financier de la part de tous les paliers de gouvernement.

Recommandation n° 13 : Élaborer et appuyer les programmes d'intégration offerts aux jeunes immigrantes en milieu scolaire.
Les programmes d'intégration offerts en milieu scolaire contribuent à promouvoir la santé mentale des jeunes immigrantes. Les écoles, en tant qu'institutions communautaires, devraient être capables d'offrir un soutien aux jeunes immigrantes comme à leur famille (p. ex. en mettant les élèves et leurs parents en contact avec d'autres ressources communautaires, en leur fournissant de l'information). Par exemple, le programme *Settlement and Education Partnerships in Toronto* (SEPT), financé par Citoyenneté et Immigration Canada, est le fruit d'un partenariat entre le TDSB et des organismes d'aide à l'établissement de Toronto. Les travailleurs du SEPT que nous avons interrogés dans le cadre de notre étude oeuvraient au sein de programmes et de services pouvant apporter une aide précieuse aux jeunes immigrantes. Les élèves interrogées avaient l'avantage de consulter les travailleurs en intégration de leur école, qui connaissaient bien leur situation et les mettaient en contact avec d'importantes ressources communautaires. Dans les recommandations qu'ils faisaient à l'endroit du secteur de l'éducation, Anisef and Kilbride (2000) reconnaissaient le rôle important que pouvaient jouer les programmes d'intégration offerts aux jeunes immigrantes en milieu scolaire, dont les services de counseling et de soutien, les centres d'accueil et

de réception, et les programmes d'encadrement et d'enseignement par les pairs, dans la prévention de l'isolement et du décrochage scolaire, ainsi que les services d'évaluation de placement. Les programmes offerts en milieu scolaire, comme le SEPT, doivent compter sur le maintien d'une aide financière et d'un soutien organisationnel afin de contribuer à la promotion de la santé mentale des jeunes immigrantes dans les établissements multiculturels du Canada accueillant des immigrants.

Dans tous les systèmes

Il existe de nombreux chevauchements entre les questions qui ressortent de notre étude et les recommandations présentées précédemment. Il faut s'y attendre étant donné que dans la société, aucun système ne fonctionne seul et que le développement sain des jeunes nécessite la coordination des programmes offerts dans tous les secteurs.

Recommandation n° 14 : Établir et coordonner des partenariats dans tous les systèmes (y compris le système de santé, le système d'éducation, les services sociaux et les services d'établissement).

Pour promouvoir la santé mentale des jeunes immigrantes, la coordination des initiatives mises sur pied dans tous les systèmes est essentielle. Des partenariats doivent être établis entre les institutions principales, les organisations des groupes ethnoculturels et le système scolaire. Le programme SEPT en est un exemple. Le secteur de l'éducation et les organismes d'aide à l'établissement jouent un rôle essentiel dans la coordination des services d'établissement des jeunes immigrantes et de leur famille dans la société canadienne au cours des premières années suivant leur arrivée. Étant donné que les grandes villes du Canada accueillent chaque année de nouveaux immigrants, les gouvernements doivent maintenir l'aide financière accordée aux programmes mis en oeuvre dans tous les systèmes afin de faciliter l'établissement des jeunes immigrantes et favoriser leur contribution future à la société canadienne.

Par exemple, la *Hong Fook Mental Health Association* propose un modèle de prestation de services axé sur la satisfaction des besoins des populations chinoises et sud-asiatiques en matière de santé mentale. Cet organisme constitué à but non lucratif offre des services de santé mentale à des personnes, à des groupes et à l'ensemble de la collectivité, tout en organisant également des activités de perfectionnement professionnel à l'intention des professionnels concernés (Lo et Lee 1992). Lo et Lee ont observé comment l'association, pour améliorer la qualité des soins dispensés aux Chinois et aux Asiatiques du Sud-Est, travaille, sur le plan fonctionnel, en collaboration avec divers services et organismes, dont des hôpitaux, des programmes communautaires de santé mentale, des conseils scolaires, des organismes multiculturels et des organismes de défense. Des projets conjoints sont mis sur pied afin de mieux répondre aux besoins de ces populations. Par exemple, un nouveau projet de groupe élaboré dans le cadre d'un cours d'anglais langue seconde a été mis sur pied conjointement avec le TDSB dans le but d'offrir des cours aux élèves souffrant de troubles psychologiques, qui ne pouvaient suivre leurs cours réguliers d'anglais langue seconde. Bien que cet organisme ne vise pas particulièrement les jeunes immigrantes, il leur est quand même utile, puisqu'il sert de cadre à la mise sur pied d'initiatives dans tous les systèmes, servant à promouvoir adéquatement la santé mentale des jeunes immigrantes.

Recommandation n° 15 : Mettre en oeuvre des politiques et des stratégies non discriminatoires et adaptées aux différences culturelles au sein des institutions oeuvrant auprès des jeunes immigrantes et de leur famille.

Les jeunes immigrantes ayant participé à notre étude se sentaient envahies par le sentiment d'être différentes des autres jeunes Canadiennes et d'être considérées également comme différentes. Ce sentiment émanait de la difficulté de bien parler l'anglais, des comportements discriminatoires et des préjugés raciaux, des différences entre les générations, des différences socio-économiques et culturelles et des différences entre les rôles sexuels. La jeune fille s'enfermait alors dans un mutisme, sentait ne pas appartenir à son nouveau pays de résidence, anglicisait son nom pour faciliter son acceptation auprès des autres et se sentait méprisée. L'un des principaux obstacles auxquels les jeunes immigrantes se heurtent dans tous les systèmes — et dont on doit tenir compte pour répondre à leurs besoins — est la discrimination et le racisme dont elles sont victimes tant sur le plan social qu'institutionnel. Les comportements actuels sur le plan social à l'égard des immigrantes et des réfugiées dans leur pays d'accueil nuisent à leur sentiment de bien-être et d'estime de soi.

Dans son rapport intitulé *Le développement d'une politique sociale inclusive : Idées à l'intention des intervenants*, le Conseil canadien de développement social (1997) propose des moyens d'aider les organismes à favoriser davantage la diversité sous toutes ses formes. Par exemple, pour que les organismes deviennent plus inclusifs, ils devraient offrir à leur personnel et leurs bénévoles la possibilité d'acquérir des compétences sur le plan culturel et de recevoir une formation contre le racisme. L'acquisition de compétences sur le plan culturel permet d'améliorer leur compréhension, leurs connaissances et leurs aptitudes à travailler avec des groupes de cultures diverses, tandis que la formation contre le racisme les aide à agir de manière non raciste, sans harcèlement ni discrimination. Les personnes, groupes et organismes oeuvrant auprès des jeunes immigrantes doivent recevoir une formation pédagogique continue dans ce domaine. Actuellement, comme le souligne la Fondation canadienne des relations raciales (2001), les organismes et institutions (s'adressant tant aux immigrants qu'à la population en général dans tous les secteurs) désireux d'adopter des pratiques non racistes peuvent s'inspirer des nombreux organismes déjà engagés dans la lutte contre le racisme, dont *Across Boundaries*, le Collectif des femmes immigrantes du Québec et l'*Immigrant and Multicultural Services Society* de Prince George.

Across Boundaries, « un centre de santé communautaire ethnoracial, qui fournit divers services de soutien aux personnes de couleur souffrant de troubles mentaux » [traduction libre] (FCRR 2001), est situé à Toronto. Cet organisme se distingue en raison des objectifs de lutte contre le racisme qu'il s'est fixés, y compris son engagement à offrir une formation, une éducation et des services anti-racistes.

Organisme à but non lucratif, le Collectif des femmes immigrantes du Québec favorise le rapprochement entre les femmes immigrantes et les Canadiennes en établissant des relations interculturelles et en appuyant les femmes immigrantes durant leur processus d'intégration (FCRR 2001). Parmi ses projets, le Collectif compte une conférence sur le déséquilibre racial dans les établissements d'enseignement et de formation, ainsi qu'un livre intitulé *Je ne suis pas raciste, mais...*, dont il se sert lors des séances de formation interculturelles. Depuis 1993,

le Collectif a travaillé en collaboration avec plus de 200 entreprises afin d'offrir un service d'emploi adapté aux besoins des immigrantes.

L'*Immigrant and Multicultural Services Society* (IMSS) de Prince George, en Colombie-Britannique, favorise depuis longtemps l'harmonie entre les races et l'élimination du racisme en s'adressant particulièrement aux jeunes (p. ex. en constituant des groupes de jeunes, en organisant des conférences locales et régionales à l'intention des jeunes) et en travaillant en collaboration avec divers organismes (p. ex. des groupes ethnoculturels, des arrondissements scolaires, les médias) (FCRR 2001). L'IMSS a réussi à convaincre le conseil scolaire d'adopter une politique multiculturelle et de former un comité sur le racisme avec qui elle travaillerait. Parmi ses projets, l'organisme compte l'*IMSS Youth Group*, qui a formé un groupe d'art dramatique appelé *Diversity in Action* et qui, dans le but d'éliminer le racisme, s'est produit à plus de 25 reprises dans la collectivité en 1997-1998.

D'autres initiatives, comme la campagne la plus vaste jamais menée contre le racisme au Canada (Unis contre le racisme), lancée par la Fondation canadienne des relations raciales, peuvent contribuer à sensibiliser le public sur l'importance d'éliminer le racisme dans la société.

7. CONCLUSION

Pour que les jeunes immigrantes puissent réaliser leurs objectifs et acquérir un sentiment positif de soi, il importe d'élaborer des programmes et des politiques de promotion de la santé mentale qui soient multisectoriels et sensibles à l'environnement. Les jeunes filles que nous avons interrogées ont énuméré de nombreux facteurs ayant une influence sur leur estime de soi, dont leurs relations, leurs expériences à l'école, leurs réalisations, leur mode de vie et leurs attitudes vis-à-vis d'elles-mêmes. Bien qu'à certains égards, les jeunes immigrantes subissent des pressions sociales semblables à celles que subissent leurs camarades d'origine canadienne (p. ex. l'apparence est une source de préoccupation chez les adolescentes), à d'autres égards, elles vivent des situations qui diffèrent même de celles des jeunes filles de même culture qu'elles.

Les jeunes immigrantes constituent un groupe hétérogène dont les membres vivent des problèmes d'intégration semblables, mais se distinguent sur le plan des intérêts, des ressources, des circonstances et de la perception de soi. Il est faux de prétendre que les mêmes politiques et stratégies s'appliqueraient à tous les groupes de jeunes immigrantes au Canada. Les activités visant à promouvoir leur santé mentale doivent prêter autant d'attention aux problèmes semblables qu'elles rencontrent (p. ex. la difficulté de parler l'anglais) qu'aux situations qu'elles vivent chacune de leur côté (p. ex. le degré de conflit entre les filles et leurs parents dû à l'écart entre les générations). En outre, les recommandations proposées doivent être interprétées avec discernement, puisqu'elles ne supposent pas que toutes les jeunes immigrantes du Canada forment un groupe pouvant souffrir de troubles mentaux et nécessiter de nombreux services durant leur période post-migratoire. Les conclusions de notre étude révèlent que, malgré les barrières systématiques à leur intégration et à celle de leur famille, les jeunes immigrantes sont très déterminées à réussir et à atteindre leurs objectifs scolaires et professionnels dans leur nouveau pays de résidence.

Notre étude visait particulièrement les jeunes immigrantes. Cependant, les principes et recommandations proposés peuvent contribuer à promouvoir la santé mentale de tous les jeunes élèves et étudiants qui vivent dans les villes et collectivités multiculturelles du Canada. Par exemple, les programmes de lutte contre le racisme et le sexisme favorisent une société plus juste, dans laquelle tous les jeunes, qu'ils soient immigrants ou d'origine canadienne, de sexe féminin ou masculin, peuvent se développer sainement et apprendre à accepter les différences culturelles. La perception des différences au sein de la société a des répercussions considérables sur les jeunes. Si les différences sont méprisées ou craintes, les jeunes qui se sentent différents peuvent se voir comme des êtres vulnérables. Si les différences sont acceptées, ils se sentiront alors uniques, ce qui suscitera chez eux un sentiment de force et de fierté.

ANNEXE A : BIOGRAPHIE DES AUTEURS DE L'ÉTUDE

Nazilla Khanlou (chercheuse principale)
Nazilla Khanlou est infirmière et détient un doctorat en science de la santé – soins infirmiers. Elle est professeure adjointe à la Faculté de sciences infirmières de l'Université de Toronto, ainsi qu'au programme *Culture, Community and Health Studies* (CCHS) du Département de psychologie du Centre de toxicomanie et de santé mentale. Elle a fait ses études médicales en soins infirmiers psychiatriques. Elle parle plusieurs langues, dont l'azari, l'anglais et le persan. Elle a été nommée récemment chef du domaine de la santé au Centre d'excellence pour la recherche en immigration et en intégration (CERIS).

Morton Beiser (chercheur adjoint)
Morton Beiser est médecin et FRCPC. Il est professeur titulaire de la chaire David Crombie en pluralisme culturel et santé au *Clarke Institute* de l'Université de Toronto. Il est aussi directeur du programme CCHS ainsi que du CERIS, à Toronto. Il a été désigné en 1986 par le ministère de la Santé et du Bien-être social du Canada et par le secrétaire d'État au Multiculturalisme pour présider le Groupe canadien chargé d'étudier les problèmes de santé mentale des immigrants et des réfugiés.

Ester Cole (chercheuse adjointe)
Ester Cole détient un doctorat en psychologie. Elle est psychologue agréée et exerce en pratique privée. De 1984 à 2000, elle a été psychologue superviseure au *Toronto Board of Education*. Ses travaux portaient sur l'élaboration de services de psychologie multiculturelle, clinique et scolaire. Elle a enseigné à l'*Ontario Institute for Studies in Education* pendant vingt ans.

Marlinda Freire (chercheuse adjointe)
Marlinda Freire est médecin et FRCPC. Elle est professeure adjointe au Département de psychiatrie de la Faculté de médecine de l'Université de Toronto, psychiatre membre du personnel à l'*Hospital for Sick Children* et chef des services psychiatriques au *Toronto District School Board*. Ses travaux portent principalement sur les problèmes de santé mentale et les problèmes liés à des traumatismes des immigrants, des réfugiés et des victimes de violation des droits de la personne, sur les difficultés d'apprentissage scolaire (particulièrement chez les élèves immigrants et réfugiés), et sur les conséquences de la pauvreté sur la santé mentale.

Ilene Hyman (chercheuse adjointe)
Ilene Hyman détient un doctorat en santé publique. Elle est chercheuse scientifique au *Centre for Research in Women's Health*, du *Sunnybrook and Women's College Health Sciences Centre* et professeure adjointe au Département des sciences de la santé publique de l'Université de Toronto. Elle vient de terminer une étude pour le compte de Santé Canada sur l'immigration et la santé, dans laquelle elle a examiné les documents portant sur les facteurs déterminants de la santé des immigrants du Canada.

Kenise Murphy Kilbride (chercheuse adjointe)
Kenise Murphy Kilbride détient un doctorat en sociologie. Elle est professeure à la *School of Early Childhood Education* de la *Ryerson Polytechnic University* et directrice associée du CERIS. Parmi ses ouvrages récents sur les jeunes immigrants figurent *Between Two Worlds: The Experiences and Concerns of Immigrant Youth in Ontario* (en collaboration avec Paul Anisef, Etta Baichman-Anisef et Randa Kattar), *The Needs of Newcomer Youth and Emerging "Best Practices" to Meet Those Needs* (en collaboration avec Paul Anisef) et *Enhancing the likelihood of academic success of immigrant and refugee children: Empowering their families, building social capital*, publié dans le *The Institute of Guidance Counsellors Journal*.

Daniela Giordano (adjointe principale à la recherche)
Daniela Giordano possède un diplôme de premier cycle en éducation des jeunes enfants de la *Ryerson Polytechnic University* et est étudiante de deuxième cycle à l'Université de Toronto, où elle fait actuellement une maîtrise ès arts en étude et éducation de l'enfant à l'*Institute of Child Study*. Elle parle l'anglais et l'italien.

Alison Low (adjointe à la recherche)
Alison Low est diplômée de l'Université de Toronto et travaille comme adjointe à la recherche au CCHS depuis 1998 avec un certain nombre de chercheurs. Elle fait actuellement une maîtrise ès arts en étude et éducation de l'enfant à l'*Institute of Child Study* de l'Université de Toronto.

ANNEXE B : QUESTIONNAIRE REMIS AUX ÉLÈVES LORS DES RENCONTRES

1. En te servant de l'échelle suivante, <u>encercle</u> le chiffre qui indique comment tu te sentais avec toi-même au cours de **la semaine dernière**. Plus le chiffre est élevé, mieux tu te sentais avec toi-même. 1 signifie **je ne me sentais pas bien avec moi-même** et **10, je me sentais très bien avec moi-même**.

| **1** | **2** | **3** | **4** | **5** | **6** | **7** | **8** | **9** | **10** |

Je ne me sentais pas bien
avec moi-même

Je me sentais très bien
avec moi-même

2. Qu'est-ce qui **TE PERMET DE TE SENTIR BIEN** avec toi-même?

3. Qu'est-ce qui **NE TE PERMET PAS DE TE SENTIR BIEN** avec toi-même?

4. Que peux-tu faire pour **TE SENTIR BIEN** avec toi-même?

Voici des questions sur tes antécédents. Les renseignements que tu fourniras sont confidentiels et nous aideront à mieux connaître la situation des jeunes filles en général.

1. Quand es-tu née? Mois _____ Année____

2. En quelle année scolaire es-tu? _____

3. Quelles notes obtiens-tu en général à l'école?

      1 Des A
      2 Des B
      3 Des C
      4 Des D ou des F

4. Où habites-**tu**? _____   (p. ex. au centre-ville de Toronto)

5. Où es-**tu** née? _____

6. Quel âge avais-**tu** quand **tu** es arrivée au Canada? _____ ans

7. Avec qui es-**tu** arrivée au Canada? _____

8a. Où est née ta **mère**? _____

8b. Ta **mère** est-elle allée à l'école? ____ oui ____ non

8c. Pendant combien d'années ta **mère** est-elle allée à l'école? _____ ans

8d. Ta **mère** travaillait-elle dans ton pays d'origine? ____ oui ____ non

8e. Quel travail faisait ta **mère** dans ton pays d'origine? _____

8f. Ta **mère** travaille-t-elle maintenant au Canâda? ____ oui ____ non

8g. Quel travail fait maintenant ta **mère** au Canada? _____

8h. Quels sont les antécédents ethniques ou culturels de ta **mère**? _____

9a. Où est né ton **père**? _____

9b. Ton **père** est-il allé à l'école? _____ oui _____ non

9c. Pendant combien d'années ton **père** est-il allé à l'école? _____ ans

9d. Ton **père** travaillait-il dans ton pays d'origine? _____ oui _____ non

72

9e. Quel travail faisait ton **père** dans ton pays d'origine? _____

9f. Ton **père** travaille-t-il maintenant au Canada? _____ oui _____ non

9g. Quel travail fait maintenant ton **père** au Canada? _____

9h. Quels sont les antécédents ethniques ou culturels de ton **père**? _____

10. Avec qui habites-**tu**? _____

11. Si tu avais un problème, à qui demanderais-tu de l'aide? _____

12. Quelles **langues** parles-tu à la maison? _____

13. Si tu as d'autres commentaires à faire, inscris-les ci-dessous.

MERCI BEAUCOUP DE TON AIDE!

ANNEXE C : ÉVALUATION DES RENCONTRES AVEC LES ÉLÈVES

Date d'aujourd'hui : _____

1) Qu'as-tu appris sur toi-même tout au long de ces groupes de réflexion?

2) Comment te serviras-tu de ce que tu as appris?

3) Dans quelle mesure ces groupes de réflexion t'ont-ils aidée à améliorer ton estime de soi?

4) Qu'est-ce que <u>tu as aimé</u> et que <u>tu n'as pas aimé</u> à propos de ces groupes de réflexion?

MERCI!

BIBLIOGRAPHIE

Anisef, P. et K.M. Kilbride. 2000. *The needs of newcomer youth and emerging "best practices" to meet those needs: Final report.* <http://www.ceris.metropolis.net/ Virtual%20Library/other/anisef1.html>. Consulté le 29 septembre 2000.

Beiser, M. 1988. *Puis... la porte s'est ouverte : Problèmes de santé mentale des immigrants et des réfugiés au Canada - Rapport du Groupe canadien chargé d'étudier les problèmes de santé mentale des immigrants et des réfugiés.* Ottawa : Ministre des Approvisionnements et Services du Canada.

Beiser, M., K. Gill et R.G. Edwards. 1993. *Mental health care in Canada: Is it accessible and equal?* Canada's Mental Health. 41(2): 2-7.

Beiser, M., A. Shik et M. Curyk. 1999. *New Canadian children and youth study literature review.* <http://www.ceris.metropolis.net/Virtual%20Library/other/beiser1.html>. Consulté le 2 juillet 2001.

Bernhard, J. K. et M. Freire. 1999. *Supporting parental involvement in schools: An ethnographic study of the Toronto Latin American Parent Support Group.* <http://www.ceris.metropolis.net/v1/education/bernhardj1.html>. Consulté le 22 novembre 1999.

Berry, J.W. 1990. *Psychology of acculturation.* Dans *Cross-cultural Perspectives - Nebraska Symposium on Motivation, 1989.* Publié sous la direction de J.J. Berman. Nebraska: University of Nebraska Press, pp. 201-234.

Berry, J.W., U. Kim, S. Power, M. Young et M. Bukaji. 1989. *Acculturation attitudes in plural societies. Applied Psychology: An International Review.* 38(2): 185-206.

Block, J., et R.W. Robins. 1993. *A longitudinal study of consistency and change in self-esteem from early adolescence to early adulthood. Child Development.* 64: 909-923.

Bolognini, M., B. Plancherel, W. Bettschart et O. Halfon. 1996. *Self-esteem and mental health in early adolescence: Development and gender differences. Journal of Adolescence.* 19: 233-245.

Branden, N. 1994. *The six pillars of self-esteem.* New York: Bantam.

Brown, L.D. et R. Tandon. 1983. *Ideology and political economy in inquiry: Action research and participatory research. Journal of Applied Behavioral Science.* 19(3): 277-294.

Canada, CIC (Citoyenneté et Immigration Canada). 1999a. *Rapport sur les plans et les priorités de 1999-2000 : Section III : Plans, priorités et stratégies.* <http://www.cic.gc.ca/ francais/pub/rpp99/rpp99-3a.html >. Consulté le 13 juillet 2001.

———. 1999b. *Favoriser davantage la réunion des familles*. Communiqué.
< http://www.cic.gc.ca/ francais/nouvelles/99/9902-f.html >. Consulté le 13 juillet 2001.

———. 2000a. *Profil comparatif des nouveaux immigrants de la région métropolitaine de Toronto – d'après le recensement de 1996*. Ministre des Travaux publics et des Services gouvernementaux du Canada, mai.

———. 2000b. *Faits et chiffres 1999 : Aperçu de l'immigration*. Ministre des Travaux publics et des Services gouvernementaux du Canada.

Canada, Santé Canada. 1999a. *Recherche sur l'immigration et la santé au Canada*. Ministre des Travaux publics et des Services gouvernementaux du Canada.

———. 1999b. *Le développement sain des enfants et des jeunes : Le rôle des déterminants de la santé*. < http://www.hc-sc.gc.ca/hppb/enfance-jeunesse/pscs/f_sante.html >. Consulté le 18 janvier 2001.

———. 2001a*. *Centres d'excellence pour le bien-être des enfants : Vision, mandat et principes directeurs*. <http://www.hc-sc.gc.ca/hppb/enfance-jeunesse/centres/ f_vision.html>. Consulté le 18 juin 2001.

———. 2001b*. *Le Centre d'excellence pour l'engagement des jeunes*. <http://www.tgmag.ca/ index_f.htm >. Consulté le 18 juin 2001.

———. 2001c*. *À propos de la Commission des étudiants*.
< http://www.tgmag.ca/index_f.htm >. Consulté le 18 juin 2001.

Canada, Statistique Canada. 1997. *Recensement de 1996 : immigration et citoyenneté*. Le Quotidien. <http://www.statcan.ca/Daily/Francais/971104/q971104.htm>. Consulté le 12 juin 1998.

CCDS (Conseil canadien de développement social). 1997. *Le développement d'une politique sociale inclusive : Idées à l'intention des intervenants* . <http://www.ccsd.ca/ diver_f.htm>. Consulté le 18 juin 2001.

———. 2001. *Les jeunes immigrants au Canada*. <http://www.ccsd.ca/ francais/pubs/2000/iy/>. Consulté le 12 janvier 2001.

CCSP (Comité consultatif fédéral-provincial-territorial sur la santé de la population). 2000. *Perspectives d'appui aux adolescents : La contribution du secteur de la santé*. Ministre des Travaux publics et des Services gouvernementaux du Canada, octobre.

Centre de toxicomanie et de santé mentale. 2001. *The mental health and well-being of Ontario Students: Findings from the OSDUS 1991-1999 - Report Highlights*. Population Studies eBulletin. Mai, n° 8. Toronto, Ontario : CTSM.

Centre for Health Promotion. 1997. *Proceedings from the International Workshop on Mental Health Promotion, University of Toronto.* Dans *Mental Health Promotion.* Publié sous la direction de C. Willinsky et B. Pape. Série « Action sociale ». Toronto: Bureau national de l'Association canadienne pour la santé mentale.

Chubb, N.H., C.I. Fertman et J.L. Ross. 1997. *Adolescent self-esteem and locus of control: A longitudinal study of gender and age differences. Adolescence.* 32(125): 113-129.

Cole, E. 1998. *Immigrant and refugee children: Challenges and opportunities for education and mental health services. Canadian Journal of School Psychology.* 14(1): 36-50.

————. 2001*. *Sommaire des pratiques de lutte contre le racisme : Programme du prix d'excellence pour 1999, introduction et table des matières.* < http://www.crr.ca/FR/ Publications/Bibliography/fPub_BiblioAntiRacPracConts.htm >. Consulté le 18 juin 2001.

Denton, M., M. Hajdukowski-Ahmed, M. O'Connor, K. Williams et I.U. Zeytinoglu.1994. *A theoretical and methodological framework for research on women, work and health.* McMaster Research Centre for the Promotion of Women's Health (MRCPOWH) Série de documents de travail n° 1. Hamilton, Ontario: MRCPOWH, McMaster University, juin.

Driever, M.J. 1984. *Self-esteem.* Dans *Introduction to nursing: An adaptation model.* Publié sous la direction de S.C. Roy. Englewood Cliffs, New Jersey: Prentice-Hall, Inc., pp. 304-404.

FCRR (Fondation canadienne des relations raciales). 2000. *Le racisme dans nos écoles : Ce que vous devez savoir à ce sujet; Comment le combattre.* <http://www.crr.ca>. Consulté le 18 juin 2001.

Goodenow, C. et O.M. Espin. 1993. *Identity choices in immigrant adolescent females. Adolescence.* 28(109): 173-184.

Gottlieb, B.H. 2000*. *Summary of strategies to promote the optimal development of Canada's youth.* Forum national sur la santé. <http://wwwnfh.hc-sc.gc.ca/publicat/execsumm/ gottlie1.htm>. Consulté le 6 décembre 2000.

Hall, B.L. 1981. *Participatory research, popular knowledge and power: A personal reflection. Convergence.* XIV(3): 6-17.

Harper, J.F., et E. Marshall. 1991. *Adolescents' problems and their relationship to self-esteem. Adolescence.* 26(104): 799-808.

Hyman, I. 2001. *L'immigration et la santé.* Série de documents de travail sur les politiques en matière de santé. Ottawa : Santé Canada.

Hyman, I., N. Vu et M. Beiser. 2000. *Post-migration stresses among Southeast Asian refugee youth in Canada: A research note introduction. Journal of Comparative Family Studies.* 31(2): 281-293.

Joubert, N., et J. Raeburn. 1998. *Mental health promotion: People, power and passion. International Journal of Mental Health Promotion.* Inaugural issue: 15-22.

Khanlou, N. 1999. *Adolescent cultural identity and self-esteem in a multicultural society.* Hamilton, Ontario : Programme de sciences de la santé clinique (soins infirmiers), McMaster University, thèse de doctorat.

Khanlou, N. et M. Hajdukowski-Ahmed. 1997. *Mental health promotion among female adolescents living within a cross-cultural context: Participatory action research with South Asian-Canadian high school students.* Hamilton, Ontario: McMaster Research Centre for the Promotion of Women's Health Technical Report Series #4.

————. 1999. *Chapter 11: Adolescent self-concept and mental health promotion in a cross-cultural context.* Dans *Women's voices in health promotion.* Publié sous la direction de M. Denton, M. Hajdukowski-Ahmed, M. O'Connor et I. Zeytinogly. Toronto: Canadian Scholars' Press, pp. 138-151.

Kidder, S. 1998. *A review of the current literature regarding global self-esteem and specific self-esteem in adolescent development.* Dissertations/Thèses. (ERIC Document Reproduction Service n° éd. 427 271).

Kilbride, K.M., P. Anisef, E. Baichman-Anisef et R. Khattar. 2000. *Between two worlds: The experiences and concerns of immigrant youth in Ontario.* <http://www.ceris.metropolis.net/ Virtual%20Library/other/kilbride2.html>. Consulté le 18 juin 2001.

King, A.J.C., W.F. Boyce et M.A. King. 1999. *Santé des jeunes : tendances au Canada.* Ottawa : Santé Canada.

Klein, H.A. 1995. *Self-perception in late adolescence: An interactive perspective. Adolescence.* 30(119): 579-589.

Klimidis, S., G. Stuart, I.H. Minas et A.W. Ata. 1994. *Immigrant status and gender effects on psychopathology and self-concept in adolescents: A test of the migration-morbidity hypothesis. Comprehensive Psychiatry.* 35(5): 393-404.

Koenig, L.J. 1997. *Depression and the cultural context of the self-serving bias.* Dans *The conceptual self in context: Culture, experience, self-understanding.* Publié sous la direction de U. Neisser et D.A. Jopling. Cambridge: Cambridge University Press, pp. 62-74.

Lo, H. et R. Lee. 1992. *Community mental health: The Hong Fook model.* <http://www.ceris.metropolis.net/Virtual%20Library/health/lo_lee1.html>. Consulté le 2 juillet 2001.

Maguire, P. 1987. *Doing participatory research: A feminist approach.* Amherst: Centre for International Education, University of Massachusetts.

McCreary Centre Society. 2001a*. *About McCreary.* <http://www.mcs.bc.ca/aboutmcs.htm>. Consulté le 18 juin 2001.

———. 2001b*. *The McCreary Youth Advisory Council.* <http://www.mcs.bc.ca/ya-yac.htm>. Consulté le 18 juin 2001.

McGee, R. et S. Williams. 2000. *Does low self-esteem predict health compromising behaviours among adolescents? Journal of Adolescence.* 23: 569-582.

McTaggart, R. 1991. *Principles for participatory action research. Adult Education Quarterly.* 41(3): 168-187.

Metro Today. 2001. *Cuts take toll on youth: Report.* 13 juillet, p.1.

Morgan, D.L. 1988. *Focus groups as qualitative research.* Newbury Park: Sage Publications.

Mwamwenda, T.S. 1991. *Sex differences in self-concept among African adolescents. Perceptual and Motor Skills.* 73(1): 191-194.

Mwarigha, M.S. 1997a. *The impact of cutbacks and restructuring on the NGO sector and the delivery of immigrant services.* <http://www.ceris.metropolis.net/Virtual%20Library/community/Mwarigha29sep97.html>. Consulté le 18 juin 2001.

———. 1997b. *Issues and prospects. The funding and delivery of immigrant services in the context of cutbacks, devolution, and amalgamation.* <http://www.ceris.metropolis.net/Virtual%20Library/community/Mwarigha29sep97.html>. Consulté le 18 juin 2001.

Réseau de sensibilisation aux médias. 1998. *Curriculums d'enseignement et programmes spéciaux convenant à l'étude de la représentation des minorités dans les médias : Rapport final.* < http://www.crr.ca/fr/publications/researchreports/fpub%5Frrdivinmediaconts.htm >. Consulté le 18 juin 2001.

Richmond, T. 1996. *Effects of cutbacks on immigrant service agencies: Results of an action research project.* <http://www.ceris.metropolis.net/Virtual%20Library/other/richmond2.html>. Consulté le 18 juin 2001.

Rosenberg, M. 1965. *Society and the adolescent self-image.* Princeton, New Jersey: Princeton University Press.

Rousseau, C., A. Drapeau et E. Corin. 1997. *The influence of culture and context on the pre-and post-migration experience of school aged refugees from Central America and Southeast Asia in Canada. Social Science and Medicine.* 44(8): 1115-1127.

Rousseau, C., A. Drapeau et R. Platt. 1999. *Family trauma and its association with emotional and behavioural problems and social adjustment in adolescent Cambodian Refugees. Child Abuse & Neglect.* 23(12): 1263-1273.

Rumbaut, R.G. 1994. *The crucible within: Ethnic identity, self-esteem, and segmented assimilation among children of immigrants. International Migration Review.* 28(4): 748-794.

S.E.P.T. News. s. dat. Volume 1. Bulletin du *Settlement and Education Partnerships in Toronto.*

Shek, D.T.L. 1998. *A longitudinal study of the relationship between family functioning and adolescent psychological well being. Journal of Youth Studies.* 1(2): 195-209.

Smith, S.E., T. Pyrch et A.O. Lizardi. 1993. *Participatory action research for health. World Health Forum.* 14: 319-324.

TDSB (Toronto District School Board). 1999. *Provincial government funding cuts to Toronto's public schools.* <http//www.tdsb.on.ca/budget/budget5.htm>. Consulté le 12 février 1999.

———. 2001a*. *Equity foundation statement and commitments to equity policy implementation.* <http://www.tdsb.on.ca/instruction/areasofstudy/pdfs/equity%5Ffoundation%5Fstatement.pdf>. Consulté le 18 juin 2001.

———. 2001b*. *Helping newly arrived students.* <http://www.tdsb.on.ca/instruction/areasofstudy/esl/htm>. Consulté le 18 juin 2001.

———. 2001c*. *TDSB student supercouncil letter on extra-curricular activities.* <http://www.tdsb.on.ca/students/supercouncil2/supercouncil%5Fletter.htm>. Consulté le 18 juin 2001.

———. 2001d. *School Profile 2000.* <http://www.tdsb.on.ca/schools/school_profiles.htm>.

Torres, R., Fernandez, F. et D. Maceira. 1995. *Self-esteem and value of health as correlates of adolescent health behaviour. Adolescence.* 30(118): 403-412.

Tousignant, M., E. Habimana, C. Biron, C. Malo, E. Sidoli-LeBlanc et N. Bendris. 1999. *The Quebec adolescent refugee project: Psychopathology and family variables in a sample from 35 nations. Journal of American Academy of Child and Adolescent Psychiatry.* 38(11): 1426-1431.